복 있는 사람

오직 여호와의 율법을 즐거워하여 그 율법을 주야로 묵상하는 자로다.
저는 시냇가에 심은 나무가 시절을 좇아 과실을 맺으며 그 잎사귀가 마르지 아니함 같으니
그 행사가 다 형통하리로다.(시편 1:2-3)

영원하신 왕의 상징

J. Ryan Lister

Emblems of the Infinite King

Enter the Knowledge of the Living God

영원하신 왕의 상징

살아 계신 하나님을
알아가는 핵심 열쇠

J. 라이언 리스터 글
앤서니 M.베네데토 그림

영원하신 왕의 상징

2022년 4월 15일 초판 1쇄 인쇄
2022년 4월 29일 초판 1쇄 발행

글쓴이 J. 라이언 리스터
그린이 앤서니 M. 베네데토
옮긴이 정상윤
펴낸이 박종현

㈜ 복 있는 사람
주소 서울특별시 마포구 연남동 246-21 (성미산로23길 26-6)
전화 02-723-7183(편집), 7734(영업·마케팅) 팩스 02-723-7184
이메일 hismessage@naver.com
등록 1998년 1월 19일 제1-2280호

ISBN 979-11-91987-55-3 03230

Emblems of the Infinite King
Enter the Knowledge of the Living God
by J. Ryan Lister

J. 라이언 리스터 Ryan Lister

오리건 주 포틀랜드 웨스턴 신학교 신학과 교수이자
험블 비스트 Humble Beast 의 교리 및 제자도 책임자.

앤서니 M. 베네데토 Anthony M. Benedetto

삽화가이자 디자이너.
종합 창작 스튜디오 노바 님부스 Nova Nimbus 공동 창립자.

J. 라이언 리스터

주드, 사일러스, 애비 케이트, 애셔에게.

너희 영원하신 왕이
그분의 영광을 볼 눈과 그분의 복음을 들을 귀와
그분 안에 거할 마음과 그분을 섬기며 순종할 손과
그분을 찬양할 입을 너희에게 주시길,
영원토록.

앤서니 M. 베네데토

거비 고-비-비스, 러비, 보기 보기니, 그리피티에게.

가슴이 아프도록 너희를 사랑해.
지금은 희미하게 보이겠지만,
하나님의 아름다움은 살짝만 보아도 모든 걸 바꾸어 놓을 수 있단다.
너희 눈을 열어 그 아름다움을 보게 해주시길.

차례

시작: 열쇠 선물

열쇠를 집어 잠긴 문을 열어라

누군가 강력하고 지혜로운 명령으로 텅 빈 공간의 침묵을 깨뜨리며 그늘 속에서 나오더니 오래된 열쇠를 하나 내놓는다.

"난 열쇠지기다. 길을 보여주러 왔지. 하지만 그 전에 경고할 게 있다. 이 열쇠를 돌리는 사람은 절대 이전으로 돌아가지 못한다. 넌 가장 깊숙한 네 죄를 볼 거고 가장 어두운 수치심을 느낄 거다. 네가 어떤 존재로 지어졌는지, 실제로 어떤 존재가 되었어야 했는지 보게 될 거다.

하지만 이 열쇠를 돌려야만 네 이야기가 거기서 끝나지 않는다는 걸 알게 되고, **아들**(사람들이 죽음을 죽이는 자라고 부르는 분, 자기 목숨을 네 몸값으로 치르신 분)이 계신 알현실로 들어가는 길이 나타난다.

그래도 선택하겠다면 열쇠를 집어 잠긴 문을 열어라.

영원하신 왕의 상징

하지만 너 혼자 가는 건 아니다. 내가 함께 가며 인도해
줄 거다. 문 저편에서 기다리마."

그 말을 듣고 열쇠를 돌리자 모든 것이 달라졌다.

알현실 열쇠

하나님에 대한 교리

열쇠를 돌리니 하늘로 만들어진 방의 문이 열린다. 별들로 된 캐노피가 펼쳐져 있고 위에서 굽이치며 떨어지는 별빛이 한 번도 본 적 없는 찬란한 바닥 무늬를 만들어 낸다. 방 한가운데 보좌에 마치 해를 입은 듯 밝게 빛나는 분, 우리가 아는 모든 빛의 원천 같은 분이 앉아 계신다.

필사적으로 고개를 돌리고 싶은데 그럴 수가 없다. 그분의 아름다움과 영광을 보니 무서운 마음이 살짝 가라앉으면서도 왠지 더 두려워진다. 뭘 어쩌면 좋을지, 어떻게 해야 그 앞에 더 설 수 있을지 몰라 쩔쩔맨다.

그때 열쇠지기의 목소리가 들린다. 지혜로운 목소리, 네가 열쇠를 받을 때 들었던 그 목소리가 귓가에 속삭이며 설명하기 시작한다…….

알현실° 노래
네 이야기는 노래로 시작된다

네 이야기는 노래로 시작된다. 그 노래는 단순하지. 2절도 없다. 그저 합창일 뿐. 하지만 천둥처럼 네 귀를 울린다. 무서우리만큼 아름다운 이 노래에 비길 노래는 인간 역사에 없다. 인간이 지은 어떤 노래와도 다르기 때문이다. 이 노래는 실제로 이렇게 노래해야만 하는 분, 세상보다 크신 분, 네가 알았거나 알 수 있는 그 누구, 그 무엇과도 다른 분을 위해 지어졌다.

이건 오직 한 왕한테만 맞는 노래다. 다른 왕한테는 맞지 않는다. 이 노래는 만왕의 왕을 위한 것이다. 네 앞 저 보좌에 앉으신 분, 오직 저 한 분만을 위한 것이다. 만물의 창조자이자 주인이자 통치자이신 저 한 분만이 이런 합창을 받기에 합당하시다. 그래서 불의 천사들을 창

조하여 이 굉장한 가사를 노래하게 하신 거다. 그리고 음악이 이렇게 첫 자리를 차지하는 거지. 보좌에 앉으신 분이 바로 이런 분이시기에 지금 네가 있는 하늘 알현실에 이 노래가 울려 퍼지는 거고, 그분이 창조하신 모든 피조물의 가슴에 이 노래가 쓰여 있는 거다.

거룩하다, 거룩하다, 거룩하다, 만군의 여호와여,
그의 영광이 온 땅에 충만하도다! (사 6:3)

지금 네게도 들리지 않니? 왕은 세상 모든 피조물이 자기 소리와 삶으로 이 노래를 부르도록 만드셨다. 너도

영원하신 왕의 상징

거기 포함된다. 너도 이 합창을 부르도록 만드셨다. 그래서 네 이야기가 **여기서** 시작되는 거다. **그분의** 알현실에서, **그분의** 노래를 들으면서.

세상 모든 이야기는 여기서 시작된다.
바로 이 왕에게서 시작된다.

왕을 아는 지식

네 이야기는 네 것이 아니다

그분의 노래가 수정처럼 선명하게 알려 주는 사실이 있다. 네 이야기는 사실 **네** 이야기가 아니라는 것. 왕은 세상이 **그분의** 영광을 노래하도록 만드셨고 너도 **그분의** 노래를 부르도록 만드셨다.

처음에는 혼동될 수도 있어. 사람은 다 자기 이야기의 주인공이 되고 싶어 하니까. 다 자기 나름대로 세상의 중심이 되고 싶어 하지. 골목대장이 되거나 반에서 제일 똑똑한 학생이 되거나 제일 큰 트로피를 받거나 모든 사람의 제일 친한 친구가 되고 싶어 한다. 그렇게 되지 못할 때 속상해하고, 좀 더 지나면 그렇게 되었는데도 속상해한다.

그래서 왕을 아는 일이 그토록 중요한 거다. 그분을

알면 네가 굳이 세상의 중심이 될 필요가 없다는 걸(그분이 이미 세상의 중심이시기에) 깨닫게 되니까. 그 깨달음은 유익하다. 넌 애초부터 세상의 중심으로 만들어지지 않았다. 세상을 유지하는 중심의 역할을 감당할 수가 없지. 그러나 하나님은 하신다. 그분이 세상의 중심이시요 네 이야기의 중심이 되셔야 비로소 자유롭게 네 원래 모습(그분이 만드신 원래 모습)을 되찾을 수 있다.

하나님을 아는 일은 2주간 맞춰 온 천 피스짜리 퍼즐의 잃어버린 상자 뚜껑을 드디어 찾아낸 것과 같아. 그러면 퍼즐을 어떤 모양으로 완성해야 하는지 알게 되니 더 이상 어림짐작으로 맞추지 않아도 되지. 하나님을 알면 세상이 돌아가는 이치를 알게 된다. 혼자 이해해 보려고 애쓸 필요가 없다. 하나님을 왕으로 모시면, 실제로 네 인생과 세상에 일어나는 이상하고 골치 아픈 일들의 아귀가 맞아 가기 시작한다. 하나님을 알면 모든 것이 제자리를 찾게 된다.

그래서 왕을 아는 일이 무엇보다 중요한 거다. 하나님을 어떻게 생각하고 느끼느냐에 따라 네가 누구이며 어디로 갈 것인지, 무엇에서 소망을 찾고 **진짜** 행복을 얻을 것인지가 결정된다.

왕의 말씀
왕은 네가 그분을 알길 바라신다

왕을 아는 일이 진정으로 가장 중요하다면, 무엇보다 정확히 알 필요가 있다. 이제부터는 모든 것이 정말 쉬워지지. 왕은 숨바꼭질을 하지 않으시거든. 실제로 널 찾아와 주신다. 왕은 네가 그분을 알길 **바라신다.** 인자하고 친절하게도 이미 여러 가지 형태로 너한테 말씀해 오셨다.

가장 먼저 왕의 말씀을 들을 수 있는 곳은 **창조세계**다. 그림마다 화가의 사인이 있듯이 하나님이 구상하신 세상 곳곳에도 그분의 사인이 있다. 왕이 만드신 모든 피조물이 조물주를 가리키고 있어. 네가 하늘의 노래에서 들은 것처럼 창조세계 전체가 하나님의 영광을 노래하며 그분의 무한한 능력과 신성한 방식을 알려 준다.

왕은 **양심**을 통해서도 말씀하시지. 양심은 무엇이 옳

고 그른지 알려 주는 네 머릿속 목소리다. 하나님은 네가 선악을 구분할 수 있도록 만드셨다. 그래서 악한 일을 하면 기분이 나쁘고 선한 일을 하면 기분이 좋은 거야. 하나님이 그렇게 만드셨지. 하나님이 자신을 열망하도록 만드셨기 때문에 네가 '선'을 바라는 거다. 우리가 찾아낼 수 있는 최고의 선은 바로 하나님이시다.

이처럼 외적인 자연(창조세계)과 내적인 본성(양심)이 지금까지 창조된 모든 사람에게 하나님이 누구시며 그들 자신은 누구인지 알려 준다. 그뿐 아니라 네가 어떻게 그분을 거슬렀는지, 그것이 왜 변명할 수 없는 죄인지도 보여주지.

하지만 은혜롭게도 하나님은 여기서 그치지 않으신다. 이렇게 일반적인 방식으로만 말씀하지 않으신다. 그렇다. 손수 만드신 작품들과 네 마음에 쓰신 법을 통해 말씀하실 뿐 아니라 세상에 더 가까이 다가와서도 말씀해 주신다. 너를 죄에서 구원할 특별한 계획에 대한 특별한 메시지를 특별한 방식으로 알려 주신다. 오래전에는 선지자들을 통해 여러 가지 방식으로 여러 차례 특별하게 말씀해 주셨지. 꿈이나 환상도 사용하시고 백성이 볼 수 있는 모습으로도 나타나서 그분을 다시 잘 알 수 있는 길을 알려 주셨다. 그런데 이 모든 특별한 말과 방식들은 더 좋은 무언가, 아니 더 좋은 **누군가를** 가리키고 있었다. 바로 그분, 가장 위대한 말씀이신 아들 예수 그리스도를 세상에 주시고 그분에 대해 알려 주시는 것이야말로 하나님이 너한테 말씀하시는 아주 특별한 방식이야. 하나님은 세상을 구원하기 위해 자신의 아들을 보내셨다.

그 말씀을 아는 방법이 뭘까? 하나님은 네가 언제든 그 말씀을 읽고 들을 수 있도록 책으로 써 주셨다. 너희 세상에서는 그 책을 **성경**이라고 부르지. 하나님은 인간 저자들의 말과 삶과 자질을 사용해서 구약성경과 신약성경을 써 주셨다. 너한테 완벽한 말씀을 주시려고, 단순히 간직하고만 있는 것이 아니라 믿고 순종하게 하시려고, 그 책에서 생명을 찾게 하시려고. 성경은 왕이 자신을 알려 주시는 방법이다. 잃어버린 자녀들에게 보내시는 사랑의 편지이자 가난하고 배고픈 자들을 위해 차려 주신 풀코스 정찬이지.

왕은 이처럼 성경을 통해 말씀하시기 때문에 왕을 알기 위한 완벽한 안내서로 믿고 따라도 좋다. 성경의 모든 부분이 하나님에게서 나왔다는 말은 거기에 어떤 실수도 없다는 뜻이야. 네가 얼마든지 이해할 수 있다는 뜻이자 하나님이 알려 주고 싶어 하시는 모든 것이 이미 담겨 있다는 뜻이지. 하나님이 바라시는 일들이 전부 실제로 일어난다는 걸 이 책을 통해 확인해 주신다는 뜻이기도 하다.

그런데 절대 놓치면 안 될 중요한 점이 한 가지 있으니 잘 들어 보길. 네가 왕을 알 수 있는 건 왕 자신이 알려 주길 **바라시기** 때문이다. 그것이 유일한 이유지. 하나

님은 네가 알아야 할 모든 것을 알려 주신다. 물론 전부 알려 주시는 건 아니야. 하지만 네가 꼭 알아야 할 사실들은 **반드시** 알려 주시고 그것들은 전부 참되다.

네가 말씀을 들어야 하는 이유는 하나님을 올바로 알기 위해서다. 세상 사람들도 너한테 하나님에 대해 이런저런 말들을 하겠지만, 사실은 하나님 자신이 벌써 알려 놓으셨다. 이미 말씀을 주셨지. 문제는 그 말씀을 주의해서 들을 마음이 너한테 있느냐 하는 거야.

또 한 가지, 네가 말씀을 들어야 할 이유는 네 행복을 위해서다. 너도 알겠지만, 하나님은 이 두 가지(그분을 아는 일과 너의 행복)를 한데 묶어 놓으셨다. 참되고 옳고 완벽하신 왕을 알아야만 참되고 옳고 완벽한 행복을 얻는다는 걸 아시기 때문이다.

하나님이 네게 말씀하시는 건 그분을 노래하게 하기 위해서다.

비길 데 없는 왕

너는 왕이 아니고 왕은 네가 아니다

왕을 아는 출발점, 알현실과 성경이 주는 교훈은 이것이다.

너는 왕이 아니고 왕은 네가 아니라는 것.

이 왕 같은 왕은 없다. 이 왕은 너보다 큰 분이시요 너처럼 제한받지 않는 분이시요 네가 통제하거나 상상할 수 없는 분이시다. 탁월하고 무한하며 영광이 가득한 분이시지. 홀로 창조세계를 다스리는 창조자시요 널 다스리는 네 창조자시다.

그분은 비길 데 없는 왕이시다.

이걸 알면 모든 것이 제자리를 찾게 된다. 왕이 네게

속한 것이 아니라 네가 왕께 속한 거다. 네가 왕께 자신을 알려 드리는 것이 아니라 왕이 네게 자신을 알려 주시는 거다. 네가 보좌에 앉아 있는 것이 아니라 왕이 보좌에 앉아 계시는 거다. 왕이 네게서 행복을 찾으시는 것이 아니라 네가 왕에게서 행복을 찾는 거다.

실제로 하나님을 아는 가장 좋은 방법 한 가지는 그분이 어떤 점에서 너보다 **뛰어나신지** 알아보는 거야. 그러니 다음의 사실들을 한번 생각해 보길.

영원하신 왕의 상징

하나님은 무한하시기에 하나님이시다.

하나님은 너처럼 제한받지 않으신다. 넌 유한하지. 모든 걸 할 수가 없어. 실제로 아침에 일어나 학교 갈 준비를 하는 것도 힘들어 한다. 하지만 왕은 다르시다. 무한한 능력으로 왕께 속한 모든 것, 그야말로 모든 것을 통제하고 다스리신다. 그 무엇도 그분을 통제하거나 제한하지 못한다. 오직 하나님만 자신을 통제하신다. 그것도 완벽하게. 하나님이 거짓말을 하실 수 없는 이유가 여기 있다. 능력이 유한하기 때문이 아니라 진실하심이 무한하기 때문이지. 하나님이 죄를 지으실 수 없는 것 또한 그 완벽한 거룩하심에 끝이 없기 때문이야.

하나님은 아무것도 필요치 않으시기에 하나님이시다.

넌 필요한 게 많지? 하지만 하나님은 혼자서도 완벽하게 행복하시다. 세상을 창조하신 것도 무언가 필요하거나 부족했기 때문이 아니야. 그렇다면 혼자서도 완전하시다고 할 수 없지. 하나님 안에 무언가 빠진 게 있다는 뜻이 된다. 이런 결핍의 통치를 받는 존재는 참된 왕이 될 수 없다. 하나님이 너와 다른 모든 피조물을 창조하신 건 외롭거나 무언가가 필요해서가 아니었다.

하나님은 시공간의 제한을 받지 않으시기에 하나님이시다.

하지만 넌 제한을 받지. 네 삶을 한번 생각해 보길. 네 삶은 계속 변한다. 바다에는 파도가 치고, 낮이 가면 밤이 오고, 겨울이 지나면 봄이 온다. 할아버지 할머니를 만났을 때 지난번보다 많이 컸다고 말씀하시는 것도 네가 변했기 때문이야. 침대 정리나 욕실 청소나 잔디 깎기처럼 하기 싫은 일을 매번 해야 하는 것도 상태가 계속 변하기 때문이고. **변하기 때문에** 계속 이전 상태로 되돌려야 하는 거다. 네 내면도 더 좋게 변하거나 더 나쁘게 변한다. 하지만 시간과 공간 밖에 계시는 온전히 완벽하

신 하나님은 더 좋아지시거나 더 나빠지시는 법이 없다. 변화는 창조세계에서만 일어날 뿐, 하나님의 본질에서는 일어나지 않는다. 그분은 과거나 현재나 미래나 항상 동일하고 영원한 왕이시다.

하나님은 시작과 끝이 없으시기에 하나님이시다.

하지만 넌 있지. 아마 네 아기 때 사진을 본 적이 있을 거야. 그때부터 넌 가족의 일원이 되었고 세상에 나와 네 인생을 살기 시작했다. 하지만 하나님은 다르시다. 전에도 계셨고 이제도 계시고 앞으로도 계실 것이기에 아기 때 사진이라는 게 없어. 존재 자체가 그분의 본질이다. 그분이 하나님이시라는 건 곧 항상 계신다는 뜻이야. 하나님은 누군가나 무언가에서 나오신 적이 없다. 그렇다면 더 이상 하나님이라고 할 수 없겠지. 그분은 위대한 나^{IAM}, 곧 영원 전부터 영원 후까지 다스리는 왕이시다. 시작이 없고 당연히 끝도 없다. 세상에 입장하신 적이 없으니 당연히 퇴장하실 일도 없다. 지금 세상이 존재하는 것은 세상이 있기 전부터 하나님이 계셨기 때문이고, 장차 세상이 새로워지는 것 또한 세상이 끝난 후에도 하나님이 계실 것이기 때문이다.

하나님은 거룩하고 영광러우시기에 하나님이시다.

하지만 넌 아니야. 넌 거룩하지 않고 그분의 영광을 누릴 자격 또한 없지. 하나님의 거룩하심은 아주 중요한 특징이다. 알현실 노래의 초점도 왕의 성품을 요약하는 이 특징에 맞추어져 있다. 하나님은 거룩하고 거룩하고 거룩한 분이시다. 이 말의 가장 기본적인 뜻은 그분이 창조세계의 만물을 포함한 모든 피조물과 구별되신다는 거야. 그분은 우리와 다르시다. 이 말은 그분의 방식이 우리의 방식과 다르다는 뜻인 동시에 그분 자신이 순결하시고 선하시고 흠이 없으시다는 뜻이기도 하다. 하지만 넌 늘 그렇지 못하지. 그래서 그분만 홀로 찬송을 받으실 자격이 있는 거야. 그분만 홀로 예배를 받으실 자격이 있고 그분만 홀로 네 전부를 받으실 자격이 있다.

하지만 무엇보다 큰 차이는 하나님은 삼위일체로 계시고 넌 아니라는 거다. 이 말이 어렵다고 겁먹지 말길. 이 말의 단순한 의미는 한 하나님이 이전에나 이후에나 항상 세 분(아버지와 아들과 성령)으로 계신다는 거다. 각각 온전하신 세 분이 서로 구별되는 **동시에** 유일한 한 하나님으로 계신다는 거지.

삼위일체는 하나님이 비길 데 없는 왕이신 중대한 이유다. 정말 이해하기 힘들겠지만 지레 포기할 필요는 없어. 왕이 널 노래하도록 만드셨다는 말을 기억하길. 왕은 네가 그분을 **삼위일체로** 알길 바라신다. '누구'와 '무엇'의 차이를 살펴보면 도움이 될 거다. 미국 초대 대통령을 생각해 보길. 네가 대통령한테 "누구세요?"라고 물으면 "난 조지 워싱턴이야"라고 대답하겠지. "무엇이세요?"라고 물으면 "음, 물론 사람이지"라고 대꾸할 거다.

하나님께 똑같이 묻는다면 어떻게 대답하실까? 조지 워싱턴과 조금은 비슷하면서도 **많이 다른** 대답이 돌아

올 거야. 하나님이 친히 하신 말씀에 따르면, 다음과 같이 대답하시겠지.

누구세요? **아버지다.** 무엇이세요? **유일한 하나님이지.**
누구세요? **아들이다.** 무엇이세요? **유일한 하나님이지.**
누구세요? **성령이다.** 무엇이세요? **유일한 하나님이지.**

여기서 강조되는 건 삼위일체의 아름다움이다. 하나님은 완벽한 세 분이면서("누구세요?"라는 질문의 대답), 한 본질을 가지고 계신다("무엇이세요?"라는 질문의 대답). 하나님은 완벽한 세 '누구'시면서 한 '무엇'이야. 하나님이 예배를 받기에 합당하신 건 이처럼 '한 본질을 가진 세 분'이시기 때문이지. 삼위일체로 계시는 하나님은 온전히 행복하시다. 그래서 자기 자신 외에 아무것도 필요치 않으신 거다. 우리는 도와주고 돌봐줄 다른 사람이 필요하지만 하나님은 아니시다. '셋이면서 하나'인 완벽한 관계 속에서 충만히 기쁘고 행복하시다.

그래서 그분을 사랑이라고 부르는 거야.

너와 함께하는 왕

하나님이 하시는 모든 일은 사랑이다

이 삼위일체 간의 사랑, 아버지와 아들과 성령이 서로에게 품으신 사랑은 너무나 크고 완벽해서 하나님이 만드신 모든 것과 행하시는 모든 일로 흘러넘친다. 여기에 비길 데 없는 왕의 아름다움이 있어. 하나님은 비길 데 없는 분이시기에 거침없이 자신을 위해 자신이 기뻐하는 일을 하신다. 네게 가까이 다가가시는 것도 하나님이 기뻐하시는 일이야. 하나님은 비길 데 없는 왕이기에 너와 함께하는 왕이 되실 수 있다.

왕이 너한테 말씀하시는 또 다른 이유는 뭘까? 내가 그분의 열쇠를 너한테 건네준 또 다른 이유는 뭘까?

알현실 노래 2행을 기억하길. "그 영광이 온 땅에 충만하도다!" 첫 행이 하나님의 위대하심을 알린다면, 2행

은 모든 피조물이 그 위대하심을 안다고 말한다. 이건 하나님이 단지 세상을 창조만 하신 것이 아니라 친히 그 세상 속으로 들어와 네게 말씀하시고 널 아신다는 뜻이다. 하늘 보좌에 앉아 계신 비길 데 없는 왕이 또한 너와 함께하는 왕이 되어, 자신이 만든 세상에서 행하시며 자신이 창조한 피조물과 말씀하신다는 뜻이지.

하나님은 너와 함께하는 왕이 되기 위해 자신의 몇 가지 특질을 나누어 주심으로써 자신을 더 잘 알 수 있게 하셨다. 그렇다고 네가 곧 하나님이라거나 하나님처럼 될 수 있다는 말은 아니야. 제한된 방식으로 하나님의 성품을 반영하여 세상에 보여주게 하셨다는 거지. 하나님은 네가 지혜와 사랑과 선함과 신실함과 자비와 인내와 정의와 옳은 마음과 은혜로운 마음을 갖게 하셨다. 네가 부분적으로 불완진하게 가지고 있는 이런 특질들을 왕은 온전히 무한하게 가지고 계신다. 어쨌든 이 점에서 네가 하나님을 닮은 건 맞아. 거울처럼 왕의 성품을 세상에 비추어 보임으로써 너만 하나님을 알고 즐거워하는 게 아니라 남들도 네게 비친 왕의 희미한 그림자를 보고 똑같이 즐거워하게 할 수 있지.

왕의 합창을 불러라

하나님께 귀를 기울이고
그분의 말씀을 따라라

01 알현실 열쇠

하나님은 그분을 알게 하려고 널 지으셨다. 그래서 그분을 아는 일이 무엇보다 중요한 거야. 하나님은 단순히 그분에 대해 아는 게 아니라 정말 인격적으로 그분을 **알게 하려고** 널 지으셨다.

그러려면 그분께 귀를 기울이고 그분의 말씀을 따라야 한다. 아마 넌 네 이야기를 쓰고 싶은 유혹을 받겠지. 널 위한 왕의 이야기를 쓰고 싶은 유혹을 받을 거다. 하나님을 통제할 수 없는데도 통제하길 바랄 거고 심지어 하나님의 자리를 차지하고 싶은 유혹도 받을 거다.

이미 그런 경험을 했는지도 모르겠군. 네가 바라는 방식으로 하나님이 행동하셔야 한다고 생각한 적은 없는지? '이 일은 내가 하나님보다 더 잘할 수 있는데'라고 생

각한 적은 없는지? 네가 바라는 대로 일이 풀리지 않아서 하나님께 화가 난 적은 없는지?

그래서 알현실의 교훈이 그토록 중요한 거다. 기억해라. 넌 왕이 아니고 왕은 네가 아니라는 걸.

네 이야기가 노래로 시작하는 이유가 여기 있다. 이 노래를 제대로 부르고 싶다면, 이 노래가 널 어디로 이끌어 갈지 알고 싶다면, 다음 열쇠를 돌려 보길. 그리고 잠긴 문을 열어 보아라.

02

흙 열쇠

인간에 대한 교리

열쇠를 돌리자 별들과 보좌는 사라지고 사방이 온통 캄캄해진다. 왕의 노래도 들리지 않는다. 전에 느꼈던 어둠과는 또 다른 어둠이다.

눈앞에 아무것도 없다. 이제껏 알았던 모든 것, 항상 있으리라 생각했던 모든 것, 하늘, 해, 풀, 색깔, 바람, 중력, 웃음, 공기가 다 사라졌다. 허공과 어둠뿐이다. 너무 공허해서 견딜 수가 없다. 이전으로 돌아가고 싶은 마음뿐이다. 그런데 '곳'이라는 것조차 없어 돌아 나갈 수가 없다.

공포가 엄습하려는 찰나, 왕의 엄중하고 새로운 목소리가 어둠을 뚫으며 곧장 명령한다.

"빛이 있으라."

마지막 단어가 허공을 울리자마자 눈부시게 하얀 빛이 터져 나오며 어둠을 압도한다.

말씀하시는 분은 여기서 멈추지 않으신다. 더 많은 말씀으로 더 많은 것을 창조하신다.

"하늘과 땅과 바다가 생겨나라. 땅은 식물과 과일과 나무를 내라. 해와 달과 별이 하늘을 채우고 낮과 밤을 나누어라. 생물들이 하늘과 바다와 땅을 가득 채워라."

이 몇 문장으로 네가 알았고 당연시했던 모든 것, 낮과 밤, 땅과 하늘이 이전 어느 때보다 아름답게 돌아온다.

그때 왕이 보인다. 마치 새로 만든 오케스트라의 지휘자처럼 자신이 말씀으로 만든 세상을 바라보며 지휘하신다.

모든 것이 이미 올바르고 완벽한 것 같은데 왕은 피날레를 향해 나아가신다. 심지어 접근방식도 바꾸신다. 전처럼 생기라고 명령하시는 대신, 박자를 늦추시며 자신의 신성한 계획을 밝히신다.

"우리의 형상을 따라 우리의 모양대로 사람을 만들자"

간단하지만, 감추어진 보물의 지도 같은 말이다. 가장 크고 중요한 세상의 질문들에 주시는 왕의 대답이 여기 있다. 왕은 인간을 자신의 모양대로 만드심으로써 인생에 아름다움과 질서와 목적을 부여하셨다. 하나님의 형상을 지니고 있다는 이 사실이 네가 누구인지, 네 존재가 왜 중요한지, 삶이 정말 어떤 것인지 설명해 준다.

그런데 형상을 지니고 있다는 건 무슨 뜻일까? 무엇부터 알아보아야 할까?

그때 네 뒤에서 친숙하고 지혜로운 목소리가 속삭이기 시작한다…….

형상 지닌 자의 시작

너는 흙으로 만들어졌다

너는 흙으로 만들어졌다. 하나님의 말씀에 나오듯이 "여호와 하나님이 땅의 흙으로 사람을 지으"셨다(창 2:7).

이런 말은 학교 과학 교과서에 나오지 않고 석간신문 머리기사로도 실리지 않아. 자기 시작을 먼지뭉치나 진흙덩어리에서 찾고 싶은 사람은 아무도 없지. 이런 말은 매력적이지도 않고 "넌 무엇이든 원하는 대로 될 수 있다"라는 세상의 약속에도 확실히 맞지 않는다.

그래서 인간의 책들이 자기의 비천한 시작을 잊고자 그토록 열심히 애쓰는 거다. 너도 네가 어디서 나왔는지 잊고 싶을걸.

하지만 하나님의 방식이 네 방식보다 좋다. 그분은 창조자시다. 모든 걸 창조하셨지. 널 포함해서. 그분은

만물이 어떻게 작동하는지, 어떻게 맞물려서 돌아가는 지 아신다. 역시 널 포함해서. 왕은 네 사용자 안내서를 써 놓으셨다. 그리고 그 편이 유익하다. 세상 방식에 따라 성공해 봐야 바닷가 모래성(밀물에 확 쓸려 갈 작은 왕국) 처럼 금세 사라져 버릴 테니까.

그래서 인간을 바라보시는 하나님의 관점이 그토록 중요한 거다. 하나님은 네 시작을 알려 주시고 네가 가게 될 곳도 보여주신다. 마치 여행 계획을 세우는 것과 같 아. 목적지에 가려면 출발지부터 알아야지. 시작과 끝은 항상 연결되어 있으니 출발지를 알면 모든 여정을 파악

하는 데 도움이 된다.

하나님이 조각가시고 너는 진흙임을 안다면, 이미 네 이야기의 시작을 알고 있는 거야. 넌 하나님의 다스림 아래 있다. 하나님은 네 상상을 뛰어넘는 방식(자신의 능력과 권위와 지혜를 환히 드러내는 방식)으로 널 창조하심으로써 자신이야말로 널 다스리는 왕이시라는 것, 너는 그 왕께 의존하는 존재에 불과하다는 것을 보여주셨다. 네가 널 만든 게 아니야. 하나님이 널 만드셨다. 네 발밑의 흙 자체가 네 생명, 네 모든 것이 왕께 빚진 것임을 계속 일깨워 준다.

네 원재료인 흙을 보면서 상기해야 할 또 한 가지 사실은 '인간은 땅의 흙처럼 진짜 물질'이라는 거다. 넌 유령처럼 공중을 떠도는 생명의 기운 같은 게 아니야. 진짜 팔과 다리와 손과 코가 달린 진짜 몸을 가진 존재지. 만질 수 있고 맛볼 수 있고 들을 수 있고 볼 수 있고 냄새 맡을 수 있는 물질세계에 살고 있는 존재다.

왕은 널 땅의 흙으로 빚으심으로써 나머지 창조세계와 영원히 엮어 놓으셨다. 인간과 세상은 똑같지 않지만,

네 이야기는 세상의 이야기와 얽혀 있어. 네 위에 하늘이 없고 네 아래 땅이 없다고 생각해 보길. 그건 불가능한 일일 뿐 아니라 도저히 견딜 수 없는 일이다. 너도 좀 전에 허공과 어둠 속에서 느껴 봤겠지. 인간과 세상은 운명을 같이하게 되어 있다. 이제 곧 보게 되겠지만, 첫 사람이 왕께 반역했을 때 사람과 세상을 **함께** 벌하신 이유가 여기 있어. 무성하고 풍성하던 창조세계가 가시덤불과 엉겅퀴 밭이 되어 버렸다. 하지만 왕은 은혜롭게도 인간을 구해 주고 세상도 같이 구해 주겠다고 약속하셨지.

하나님이 흙으로 인간을 창조하신 것은 네가 창조의

최고봉임을 보여주시기 위해서이기도 하다. 처음엔 이 말이 이상하게 들릴 거야. 다른 만물은 말씀으로 만드시고(무에서 유를 만드시고) 사람만 흙으로 빚으셨는데, 이렇게 사람이 창조의 절정이라고 할 수 있지?

하지만 이것이 요점이다. 하나님이 나머지 창조세계와 다른 방식으로 인간을 만드신 건 그 세계가 바로 인간을 **위한** 것이기 때문이야. 이를테면 연극이 시작되기 전, 극장에 들어간다고 생각해 보길. 공연을 위해 무대가 설치되어 있지만 그 무대 자체를 보려고 극장에 간 건 아니지. 배우들이 그 무대에서 어떤 연기를 펼치는지 보려고 간 거다. 무대 자체는 이야기가 아니야. 배우들이 펼치는 이야기를 돕기 위해 설치된 것일 뿐. 하나님도 그런 구상으로 세상을 만드신 거다. 인간을 향한 자신의 끈질긴 사랑 이야기를 펼치려고 무대를 설치하신 거지. 그래서 세상을 먼저 만드신 후에 남자와 여자를 만들어 완벽한 동산에 두신 거다.

이처럼 왕이 자기 백성을 위한 장소부터 마련하신 건 그들과 함께 지내시기 위해서였다.

형상 지닌 자를
만드신 방식

인간성에는 흙 이상의 것이 있다

그래서 인간성에는 단순한 흙 이상의 것이 담겨 있는 거야. 인간성에는 하나님의 숨이 담겨 있다. 실제로 "생기를 그 코에" 불어넣어 살아 있는 존재가 되게 하셨지(창 2:7). 나머지 창조세계는 멀찍이 떨어져서 말씀으로 만드셨지만 사람은 가까이 다가가서 '얼굴을 맞대고' 만드셨다.

인간 창조의 두 부분 곧 흙과 숨이 암시하는 사실은 바로 이거야. 왕이 이 두 부분을 통합하여 널 만드셨다는 것. 첫째로, 왕은 네게 물질로 된 몸을 주셨다. 진짜 물질세계를 사용해서 첫 사람을 창조하셨다는 사실을 기억하길. 하지만 인간성에는 하나님이 생기를 불어넣으심으로써 생겨난 둘째 부분(영적인 부분 곧 영혼)도 있다.

이 두 부분이 모여 한 전체를 이루는 거야. 물질적인 부분과 영적인 부분이 통합되지 않은 아담은 온전한 아

담이 아니다. 그래서 둘 다 갖추기 전까지는 살아 있는 존재가 되지 못했지. 몸과 영혼은 화음처럼 같이 움직인다. 두 음을 같이 내면 더 빼어나고 아름다운 소리가 된다. 또는 각기 다른 건반과 줄을 동시에 눌러 한 소리를 내는 피아노나 기타 코드라고도 할 수 있어. 어느 한 키나 줄을 놓치면 코드가 되지 못한다.

인간성도 마찬가지야. 온전한 인간이 되려면 몸과 영혼이 다 필요하다. 첫 사람도 그랬고 지금의 너도 그렇다.

영원하신 왕의 상징

하나님의 형상

하나님이 널 만드신 이유

하나님은 널 만드신 재료만 알려 주시는 게 아니다. 계획대로 창조해 나가던 걸 잠시 멈추시고, 널 만드신 **이유**를 설명해 주신다. 그 이유를 가장 간단히 말하자면, 세상에 자신의 형상을 보여주시기 위해서라는 거야. 그분의 말씀에 나오듯이 "자기 형상 곧 하나님의 형상대로 사람을 창조하시되 남자와 여자를 창조하"셨지(창 1:27).

이 간단한 문장이 인간의 의미를 묻는 무수한 질문의 답을 찾도록 도와준다. 세상 모든 철학자, 교사, 사상가들이 그토록 애를 쓰며 심오하고 복잡한 대답을 내놓는 데 비해 왕은 아주 간단하게 말씀하신다. "내가 널 이렇게 만들었다"라고. 널 창조하신 '삼위 하나님 사이의 의논'을 들으면 모든 게 이해되기 시작할 거야.

하나님의 의도는 "우리의 형상을 따라 우리의 모양대로 사람을 만들자"라는 것이었고, 그래서 진짜 그렇게 사람을 만드셨다(창 1:26). 세상이 볼 수 있도록 자신의 성품과 방식을 반영하는 인간을 만드셨다. 자신을 '닮은' 피조물, 왕의 세상에서 왕을 대표할 피조물을 창조하셨다.

어떤 점에서 인간성은 깃발과도 같아. 깃발이 나부끼는 모든 곳에서 자기 나라의 다스림과 통치를 나타내듯, 너도 하나님의 창조세계에서 그분의 다스림과 통치를 대표하고 반영하지. 깃발 자체는 색색의 천에 불과하다. 깃발의 힘과 목적이 각기 대표하는 나라에서 나오듯 네 힘과 목적도 네가 대표하는 왕에게서 나오는 거야. 창조 세계가 볼 때 너는 왕을 대신하여 왕의 다스림과 능력과 권위를 나타내는 대사다.

형상 지닌 자의 목적

하나님은 왕을 대표하게 하려고 널 창조하셨다

하나님이 자신의 형상을 주신 데는 **목적**이 있다. 네 모습과 행동으로 왕을 대표하게 하시려는 거지. 이것이 왕의 형상대로 왕을 닮게 만드셨다는 말의 의미다.

남자와 여자의 모습에는 하나님의 형상이 반영되어 있었다. 하지만 모습뿐 아니라 행동으로도 반영해야 했지. 그래서 첫 남자와 여자를 자신의 형상대로 만드신 직후에 두 가지 명령을 주신 거야. 그 명령을 지키는 것이 창조세계에 하나님을 반영해서 보여주는 길이었다.

그 명령이 뭐였을까? 형상 지닌 자들이 해야 할 일이 뭐였을까? 첫째는 "생육하고 번성하여 땅에 충만하라"는 거였다. 둘째는 "바다의 물고기와 하늘의 새와 땅에 움직이는 모든 생물을 다스리라"는 거였지(창 1:28).

이 명령에 대해 생각해 보길. 하나님이 바라신 건 인간이 많아져서 모든 피조물을 다스리는 것이었다. 왕의 나라를 세우고 잘 감독하는 것이었다. 그래서 생육하고 번성하여 다스리라고 하신 거야. 하나님은 이 명령으로 자신의 형상과 통치의 확장을 연결시키셨다. 생육하고 번성하라는 것은 형상 지닌 자들이 더 많아지게 하라는 명령이다. 이를 위해 남자와 여자를 만드시고 서로 관계를 맺으며 살아가게 하셨지. 그 때문에 지금 너도 있는 거고, 네 이전에는 아버지와 어머니가, 그 이전에는 할아버지와 할머니가 있었던 거야. 이 명령 때문에 아담과 하와 말고도 많은 사람들이 하나님의 세상을 채우게 되었다.

한 사람은 두 사람이 되고, 두 사람은 많은 사람이 되어 나라를 이루었다. 성경에 낯선 이름들이 그리도 많이 나오는 건 이 때문이야. 왕의 형상을 지닌 자들이 땅에 충만해졌음을 알려 주려는 거지.

형상 지닌 자들의 수가 늘어날수록 하나님이 다스리시는 범위도 확장된다. 사람 수가 늘어난다는 건 그만큼 땅이 더 필요하다는 뜻이고, 형상 지닌 자들이 땅을 찾아 흩어질수록 하나님 나라의 통치도 뻗어 나가는 거니까. 그래서 "다스리라"고 하신 거지. 왕은 이처럼 자신의 다스림과 통치가 커지고 넓어져서 온 세상으로 확장되게 하시려고 널 자신의 형상대로 만드셨다.

　에덴은 그 작은 본보기다. 창조자는 자신의 형상을 지닌 자들이 그 앞에서 즐거이 지내며 나라를 다스리는 연습을 시작하도록 완벽한 동산을 주셨지. 에덴은 그 출발점이 되었어야 했다. 아담과 하와가 하나님의 명령을 지켰다면, 이 작은 나라의 아름다움이 온 땅으로 퍼져 나갔을 테고 세상은 낙원이 되었을 거다. 첫 부부가 왕의 명령을 따르고 왕이 의도하신 대로 되었다면, 왕과 왕의 방식을 최고의 기쁨으로 여기며 왕의 약속을 전부 받아 누렸을 거다.

더 좋은 형상을 지닌 자
지금 세상은 낙원이 아니기에

하지만 지금 세상은 낙원이 아니야. 에덴에서 아주 멀어져 버렸지. 네가 보기에도 너무 많은 사람들이 참 기쁨에서 멀어져 버린 것 같지 않니? 그건 나쁜 일이 일어났기 때문이다. 세상은 더 이상 하나님의 나라가 되고 싶어 하지 않는다.

오늘날 하나님의 형상은 깨지고 부서진 거울, 그 깨진 조각들조차 많이 사라져 버린 거울과 같아. 문제는 자신들이 누구이며 원래 모습이 어떤 것인지도 모르면서 자기들 나름대로 대답과 이유를 만들어 낸다는 거지. 그건 달로 해를 대신하려는 짓과 같다. 달에게는 행성들을 제 궤도로 돌게 만들 힘이 없어. 그러니 행성들이 제멋대로 돌 수밖에. 너와 네 대답도 그처럼 힘이 없다. 네 세상을 결집시킬 만큼 강한 목적이 될 수가 없어. 왕이 마땅

히 계셔야 할 중심으로 돌아오시지 않는 한, 네 세상은 결국 제멋대로 돌게 될 거다.

그런데 하나님은 은혜롭게도 네 세상을 복구해 주겠다고 제안하신다. 인간이 상상할 수 없는 짓을 해서 깨뜨린 형상을 회복시켜 주겠다고 약속하신다. 완벽한 형상을 보여주기 위해 친히 사람이 되신다. 아들 하나님이 인간 예수가 되어 세상에 오신다. 첫 아담이 망가뜨린 것을 고쳐 주기 위해 더 좋은 아담이 되신다. 네가 누구이며 원래 어떤 존재인지 다시 가르쳐 주신다. 네가 온전한 참사람이 될 수 있는 길이 바로 그 아들 안에 있다.

오직 그 왕의 나라만 영원하다. 그래서 그 나라에 살 수 있도록 널 만드시고 그 나라와 네 삶을 묶어 놓으신 거야. 하나님의 아들이 오신 것은 널 그 나라로 다시 데려가시기 위해서다.

하지만 그리스도가 어떻게 네 인간성을 구해 주시는지 온전히 알려면, 먼저 어둠부터 느껴 봐야 한다. 네가 이 열쇠를 돌렸을 때 느낀 '창조 이전'의 어둠 말고, 뱀이 갈라진 혀로 떠든 거짓말 때문에 세상에 들어온 어둠.

준비가 되었다면, 네 죄와 죽음의 어둠을 직시할 용기가 생겼다면, 이 열쇠를 돌려 다음 문을 열어 보길.

03

밤 열쇠

죄에 대한 교리

열쇠를 돌리니 젊은 우주가 완벽한 동산으로 바뀐다. 마치 꿈을 꾸는 것 같다. 엉뚱한 데서 자라는 초목이나 웃자란 나뭇가지나 떨어진 꽃잎이 하나도 없다. 네가 원하던 것, 네게 필요하던 모든 것이 손에 잡힐 듯 가까이 있다. 처음으로 완벽하게 만족스럽다. 꼭 와야 할 곳에 온 것 같은 평온함과 행복감이 느껴진다. 다른 데로 가고 싶은 마음이 전혀 들지 않는다. 기나긴 오랜 여행 끝에 드디어 집으로 돌아온 것만 같다.

지혜롭고 친숙한 목소리가 네 뒤에서 말하는 소리를 듣기 전까지는…….

죄의 기원

문제의 시작은 뱀

문제의 시작은 뱀이었다.

뱀은 왕위를 차지하고 싶었지만 왕을 몰아낼 힘이 없음을 곧 깨달았다. 예나 지금이나 왕은 혼자서도 너무나 완벽하고 거룩하고 행복하고 사랑하는 분이시기에 당연히 어떤 것으로도 끌어내릴 수가 없었거든. 아무리 기를 써도 왕의 신성한 길을 막을 수가 없었지.

하지만 그 계획의 구멍(실수)이라고 생각되는 걸 하나 찾아냈다(너도 곧 배우겠지만 완벽하신 왕은 실수하지 않으신다). 그건 바로 아담과 그의 아름다운 아내 하와였어. 뱀이 왕을 미워한 전적인 이유가 바로 이 첫 부부에게 있었다. 왕은 그들을 왕과 그분이 주시는 복에 만족하는 아름답고 순수한 자들로 만드셨다. 푸른 동산 에덴에 두시고 낙원의 열쇠를 주셨지. 그토록 높고 거룩하신 분이 보좌에

서 내려와 창조세계를 챙기시고 사랑하시고 가까이 하

셨다.

그뿐 아니라 아담과 하와에게 자신의 형상을 반영시

켜 세상에 보여주게 하셨다. 또 그들이 창조세계를 다스

리게 하셨다. 세상 무엇보다 왕을 예배하고 경험하고 사

랑하는 걸 최고의 기쁨으로 삼게 하셨다.

이처럼 왕은 아담과 하와에게 모든 걸 주셨다. 자신

의 세상과 그 세상에서 추구할 목적을 주셨다. 또 한 가

지 조건만 지키면 그 모든 걸 가질 수 있었지. 그 조건이

란 바로 선악을 알게 하는 죽음의 나무 열매를 먹지 않

는 것이었다.

그건 공허한 협박이나 잔인한 농담이 아니었어. 한

가지 사실을 상기시키는 장치였지. 세상에서 가장 큰

기쁨은 왕이 거저 주시는 선물이 아니라 왕 자신이라는

사실 말이야. 이 말이 너한테 이상하게 들릴지도 모르

겠군.

열매는 좋은 것이지만 그보다 더 좋은 건 그 열매를

창조하시고 보전하시는 분 자신이다. 이 규칙은 그 왕과 보조를 맞추어 살게 하시기 위한 것이었어. 그 왕을 올바로 알고 그 지식 안에서 선물을 받아 누리게 하시기 위한 것이었지.

한 가지 확실한 건 이 조건, 이 도덕적 요구, 이 금지된 나무가 마귀에게는 기회가 되었다는 거야. 이 나무는 왕께 소망을 두고 순종한다는 표시였다. 그런데 아담을 꼬드겨 정반대로 하게 만들면 모든 걸 무너뜨릴 수가 있었지. 이 나무와 유혹적인 열매를 이용해서 두 사람과 왕의 관계에 못을 박아 버릴 수가 있었어. 아담을 넘어뜨림으로써 어쩌면, 정말 어쩌면 자기가 스르르 왕위에 오를지도 모를 일이었다.

그래서 승산은 없었지만 기꺼이 모험을 해보기로 했어. 아담과 하와가 왕과 **똑같은** 건 아니니까 어두운 마법이 통할 여지가 있었지. 뱀은 자기가 좋아하는 반어적 비틀기로 테러 작전을 개시했어. 첫 사람을 꼬드겨 왕이신 창조자를 거역하게 만들기만 하면 에덴부터 세상 끝까지 전부 망가뜨릴 수가 있었다.

하나님의 완벽한 동산에 슬그머니 들어간 뱀은 금지된 나무 가까운 그늘에 숨어 있다가 공격을 감행했다. 첫 희생자를 발견했거든. 어두컴컴한 그늘 바로 바깥쪽에 하나님이 만드신 아름다운 하와가 서 있었지.

첫 작전은 하와를 먼저 겨냥해서 하나님의 지극히 선하신 계획을 뒤엎은 다음, 아담을 공략하는 것이었어. 인간의 대표는 아담이었지만(그래서 아담이 무너지면 나머지 창조세계도 무너지는 거다) 아담을 정면 공격하면 실패할 걸 알았기 때문이야. 하지만 하와의 아름다움과 사랑을 이용하면 아무리 쓴 열매도 달게 느끼게 할 수 있었지.

마침내 때가 왔다. 뱀은 하와의 시선을 끌려고 그늘에서 나왔어. 그런데 하와에게 새겨진 왕의 형상이 너무 뚜렷한 걸 보고 깜짝 놀랐지. 아무리 기를 써도 왕은 절대 피할 수 없다는 사실, 왕의 나라에서는 특히 피할 수 없다는 사실을 고통스럽게 떠올렸어. 모든 것에 왕의 신성한 지문이 찍혀 있었다. 모든 것이 왕의 영광을 노래하고 있었다.

그러면 당연히 예배하고 싶어져야 하는데 오히려 미움이 솟구쳤어. 하와 앞에서 자기가 두 사람을 거의 왕만큼 미워한다는 걸 깨달았지. 그들이 자기와 다르다는 게 싫었다. 그들이 그토록 순수하다는 게, 그토록 왕의 보살핌을 받는다는 게, 맹목적으로 왕께 순종하고 왕의 사랑에서 안식을 찾는다는 게, 왕의 아름다움을 반영한다는 게, 왕께 그리도 많은 걸 받고 그 모든 걸 당연시한다는 게, 자기들 것은 하나도 없으면서 만물을 다스린다는 게 싫었다.

뱀은 이런 마음을 억누르며 첫 질문에 모든 분노를 차분히 쏟아부었어. 그리고 독이 든 그 질문을 하와에게 던졌지.

"너희 왕이 **정말** 이 나무 열매를 따먹지 말라고 했니?"

하와는 흠칫했어. 아담과 창조자의 목소리 외에 처음 들어 본 낯선 목소리가 한 번도 의심한 적 없던 것에 의문을 제기하고 있었으니까. 하와는 뱀이 지금 막 자기와 (그리고 자기 왕과) 전쟁을 시작했다는 사실을 모른 채 분명히 대답했어.

"다른 열매는 다 먹을 수 있지만 이 나무는 만져서도 안 돼."

　　　　　　　　　　　　　영원하신 왕의 상징

하지만 이 말엔 하와의 속마음이 드러나 있었다. 하와는 속이는 자를 피해 도망치는 대신 자기가 어떻게든 대답해 보려 했어. 아담의 도움을 청하지 않고 아담 **대신** 자기가 대답했지. 자기가 아는 하나님 이야기는 하지 않고 하나님의 명령이 걸린 선물 이야기만 했다.

물론 하와는 뱀의 말을 바로잡을 생각이었어. 그래서 **전부** 금하진 않으셨다고, 죽게 하는 나무만 금하셨다고 한 거야. 하지만 바로잡기는커녕 죄가 세상에 들어올 길만 열어 버렸지.

하와는 덫에 걸려 버렸다. 뱀과 토론하다가 남편도 잊고 남편과 자신의 연합도 잊은 채, 왕 자신이 아닌 왕의 선물, 특히 자기가 가질 수 없는 선물만 보게 되었다.
뱀은 독을 좀 더 집어넣었어. 하와가 왕보다 자기를 더 믿도록 꼬드겼지.

"오, 하와, 넌 절대 죽지 않아. 오히려 이 나무 열매를 먹으면 네 눈이 결국 밝아진다는 걸 알기 때문에 금지한 거야."

그리고 마지막 독을 주입했다.

"이 열매를 먹으면 너도 하나님처럼 될 거야."

그렇다. 뱀이 이런 짓을 했다. 왕과 형상 지닌 자들의 아름다운 차이를 악용해서 세상을 깨뜨려 버렸다. 하나님의 형상으로 빛나던 아담과 하와, 창조세계의 어떤 피조물보다 하나님을 닮았던 두 사람은 한낱 나무 열매와 하찮은 거짓말 때문에 왕과 왕의 낙원을 넘겨주고 말았지.

  영원하신 왕의 상징

"여자가 그 열매를 따먹고 자기와 함께 있는 남편에게도 주매 그도 먹은지라"(창 3:6).

둘은 똑같아졌다. 뱀의 계획대로 하와는 아담에게 열매를 먹이는 비열한 짓을 했어. 그리고 모든 인간의 대표였던 아담의 죄가 그 자신의 삶과 세상 전체를 깨뜨려 버렸다. 세상은 그때 거기서 깨져 버렸고 지금도 여전히 깨져 있어. 뱀은 달콤한 말로 포장한 한 방의 유혹, 한 번의 설득, 한 뭉텅이 속임수를 사용해서 전혀 필요치도 않은 열매 하나를 위해 정작 필요한 전부를 포기하게 만들었다. 금지된 열매 한 입에 자신들이 받은 유산과 생득권

과 미래와 목적과 소망과 꿈과 평안과 순수함을 팔아 버
리게 했다.

죄의 얼룩

동산에 쏟아진 독

그 독이 동산과 나머지 창조세계에 쏟아졌어. 하지만 착각하지 말길. 독은 열매 자체에서 나온 게 아니라 아담에게서 나온 거다. 아담이 부족하게 느낀 건 하나님의 선물이 아니라 하나님 자신이었지. 이 열매는 그 자체에 맹독이 있어서 금지된 게 아니야. 이 열매를 먹는다는 건 하나님 **없이** 신성한 지식을 얻겠다는 뜻이기에 금지된 거다. 아담이 열매를 따먹은 건 어떤 의미에서 하나님의 물건을 소매치기한 짓과 같다. 온 나라의 모든 걸 이미 받았으면서도 까맣게 잊어버린 거야.

뱀의 말이 **한 가지**는 맞았다. 모든 게 바뀌어 버렸지. 전에 옳게 보이던 것이 이젠 그르게 보였어. 전에 거짓되게 보였던 것이 이젠 참되게 보였다. 새로운 감정이 아담과 하와 속으로 밀려 들어왔어. 화가 부글거리고, 눈물이

솟구치고, 관계가 깨지고, 슬픔과 수치심이 마음을 짓눌렀지. 모든 게 바뀌었다. 나쁘게 바뀌었다. 아담의 죄가 모든 걸 엉망으로 만들어 버렸다.

아담 자신뿐 아니라 **너까지.**

아담의 이야기는 네 자신의 이야기를 이해하도록 도와준다. 네가 왜 형제나 자매나 친구들과 늘 잘 지내지 못하는지 알려 주지. 가끔 부모님께 화를 내는 이유도. 네가 슬픈 이유, 그래서 우는 이유도(우는 걸 잘 감출 수는 있겠지만) 설명해 준다.

아담은 단순한 첫 사람 내지 첫 조상이 아니라 하나님 앞에서 널 대변하는 대표자야. 그건 아담이 동산에서 하는 모든 일이 이후 태어나는 모든 사람에게(널 포함해서) 영향을 끼친다는 뜻이다. 그래서 아담이 반역을 택했을 때 모든 인간(하나님의 아름다운 형상을 지닌 모든 사람)이 아담의 죄로 얼룩져 버린 거다.

아담은 피해야 할 나쁜 본보기나 단순한 경고가 아니야. 세상의 시초와 세상이 항상 잘못된 듯 느껴지는 이유를 설명해 주는 또 하나의 신화도 아니지. 부모님이 너한테 채소를 먹이고 말 잘 듣게 하려고 지어낸 교훈 또한 아니야. 그렇다. 아담은 불순종을 저지른 실존 인물이다. 그렇게 좋은 동산에서 반역을 저지름으로써 왕의 마음과 이후 태어날 모든 형상 지닌 자들의 마음을 죄로 찢어 버린 장본인이다. 아담의 병이 오늘까지 모든 사람과 모든 것을 괴롭히고 있다.

모든 사람과 모든 것을.

이에 대해 알고 싶으면 가인과 아벨한테 물어보길. 노아와 그 아들들한테, 바벨탑을 세운 자들한테, 모세와

여호수아한테, 이스라엘의 사사들과 선지자들과 제사장들과 왕들한테 물어보길.

그런데도 아담의 죄가 너와 상관없이 느껴진다면 사도 바울한테 물어보길. 그는 "한 사람(아담)으로 말미암아 죄가 세상에 들어오고 죄로 말미암아 사망이 들어왔나니 이와 같이 모든 사람이 죄를 지었으므로 사망이 모든 사람에게 이르렀느니라"는 말로 우리 앞에 거울을 비춰 준다(롬 5:12). 죄는 모든 사람이 직시해야 하는 문제야. 바울의 말처럼 우리는 "다 죄 아래에" 있거든. "기록된바 의인은 없나니 하나도 없으며 깨닫는 자도 없고 하나님을 찾는 자도 없고”(롬 3:9-11).

바울의 말을 믿지 못하겠다면 부모님께 바로 가서 여쭤봐도 좋아. 후회되거나 죄책감을 느끼거나 수치심을 느끼는 일이 있는지, 누구한테 부당한 일을 당했거나 누구를 부당하게 대한 적이 있는지 여쭤보길. 부모님이 정직한 분들이라면(정직하기 힘들 때도 있어. 이 또한 죄의 또 한 가지 예지) 이야기가 길어질 거야.

그런데 굳이 남들한테 물어볼 필요가 없지 않을까? 너 자신이 벌써 알고 있을 텐데. 네 속에 죄가 기어들어 온 적이 없는지? 마음속에 교만과 분노가 타오르는 걸 느껴 본 적이 없는지? 가족들과 항상 잘 지내지 못하는 이유가 궁금한 적이 없는지? 하면 안 되는 줄 알면서도 해 버린 일이 없는지? 제일 좋아하는 책이나 영화에 나오는 악당한테 오히려 더 마음이 끌려 움찔한 적이 없는지?

그게 다 아담의 죄가 네 마음을 얼룩지게 만든 탓이야. 네겐 아담이 물려준 죄의 '병'이 있다. 죄가 낳은 가장 큰 결과 중 하나가 이거지. 네가 무슨 죄를 지어서 죄인이 되는 게 아니다. 네가 원래 **죄인이라서** 죄를 짓는 거야.

죄의 결과
죄는 모든 것을 바꾸어 놓는다

하지만 이것이 죄의 유일한 결과는 아니다. 죄의 독은 한때 완벽했던 세상 모든 것에 실제로 스며들었어.

첫째로, **죄는 세상을 망가뜨린다.** 아담의 반역이 창조세계 전체를 오염시켜 버렸다. 푸르렀던 풀이 갈색으로 변하고 곡식이 시들고 강물이 마르고 동산이 사막이 되는 건 다 죄 때문이야. 아담이 열매를 한 입 베어 먹음으로써 그의 세상은 저주 아래 떨어져 버렸다. 온 창조세계가 오늘날까지 "탄식"하며 재창조되길 고대하고 있어(롬 8:19-22). 아담의 죄 때문에 땅은 저주를 받았고, 네 죄 때문에 너와 창조세계는 여전히 불화하고 있다. 땅을 갈기 위해 땀을 흘려야 하고 창조세계를 다스리기 위해 고통스러운 수고를 감내해야 하지. 전에는 세상에서 그냥 **찾았던** 기쁨을 이제는 **싸워서 얻어야** 한다.

네가 항상 여름 더위를 견디며 잡초를 뽑아야 하는 이유, 학교 공부를 아무리 해도 끝이 없고 어려운 이유, 겨울이 그토록 잿빛으로 을씨년스러운 이유 또한 죄에 있어. 무엇보다 암울한 소식은 인생이 끝날 때 결국은 땅이 널 이긴다는 거다. 죄가 죽음을 몰고 온 탓에 아담 이후 모든 사람은 흙으로 돌아가야 한다.

또 한 가지 이상한 일이 있어. 아담의 자손은 세상의 폐허를 쉽게 사랑한다. 창조자께 드려야 할 사랑을 창조세계에 대한 잘못된 사랑으로 바꾸는 사람들이 많지. 죄 때문에 얼마나 왜곡되었는지, 자기 땀을 요구하는 고통의 주된 원천이자 결국은 무덤이 될 땅을 오히려 예배한다.

둘째로, **죄는 니도 망가뜨린다.** 이 정도로는 어렴도 없다는 듯 창조세계를 좀먹을 뿐 아니라 너까지 좀먹어 버린다. 안에서부터. 죄는 네 사랑과 소망과 꿈을 먹어치운다. 전부 뒤섞어 엉뚱한 자리에 갖다 놓지. 자기 자신에 대한 감정, 남들에 대한 감정, 모든 것에 대한 감정을 왜곡해 버린다. 아담과 하와가 반역한 후 처음 느낀 감정이 뭐였을까? 두려움과 수치심과 죄책감이었다. 뱀이 갈라진 혀로 떠든 거짓말을 듣기 전까지는 한 번도 느껴 본 적이 없는 감정들이었다.

동산 바깥에 사는 자들의 마음은 지금도 여전히 뒤죽박죽이다. 시간의 절반은 자기 감정이 어떤지 모르면서 보내고 나머지 절반은 잘못된 감정을 느끼면서 보내지. 네 열망과 소망도 제대로 작동하지 못해. 물론 무언가 바라는 마음 자체에는 문제가 없다. 그렇다. 왕은 널 열망하는 존재로 만드셨다. 문제는 **무엇을** 열망하느냐 하는 거야. 아담 이후 사람들은 잘못된 것을 열망하게 되었다. **자기가 전부인** 세상을 조용히 만들어 왔지.

하지만 세상은 그런 방식으로 움직이지 않는다. 그런 방식으로 움직일 수가 없어. **모든 사람**이 **모든 것**의 중심이 될 때 세상의 진짜 중심은 사라져 버린다. 왕은 네 이기심보다 더 크고 좋은 목적을 위해 세상을 만드셨다. 왕이 네 주변의 모든 것을 만드셨다는 말은, 그 왕이 네 삶과 마음의 중심에 계실 때만 너와 네 열망이 합당해진다는 뜻이야.

죄의 권세는 참 기쁨을 보지 못하게 막는다. 모노폴리 게임에서 부모님을 처음 이긴 후 진짜 부모님 통장을 차지하려 드는 아들처럼 만들어 버리지. 그러면 게임에서는 이겨도 핵심은 놓치게 돼. 게임의 존재목적을 잊어버리는 거다. **부모님**이 아들과 즐겁게 놀려고 **부모님의** 진짜 돈으로(모노폴리 돈이 아니라) 게임을 사 주셨다는 사실을 잊어버린거다. 이처럼 네가 가진 모든 것은 왕이 **왕**을 즐거워하게 하려고 주신 것임을 죄는 잊게 만든다. 오히려 왕은 미워하면서 왕의 나라는 열망하도록 늘 유혹하지.

자, 네가 정말 잘못된 욕망과 씨름하고 있는지 알고 싶다면 하루 대부분 무슨 생각을 하는지, 시간 여유가 생

길 때 무슨 일을 하는지 살펴보길. 비디오 게임? 핸드폰? 또 무슨 생각을 하지? 패션? 어쨌든 네 왕 말고 다른 걸 생각할 때가 많지 않니? 물론 그런 것들 자체는 죄가 아니다. 그런 것들로 왕을 대신하는 게 죄지.

죄는 네 마음과 머리에도 영향을 끼친다. 너도 본 적이 있을 거야. 좋은 머리를 자기 숙제 하는 데 쓰지 않고 남의 숙제 베끼는 데 기막히게 악용하는 애들이 있지 않니? 너도 남을 속여 마음대로 조종하기 위해 머리를 쓴 적이 있을 걸. 심지어 왕까지 속이려고 그 좋은 머리를 활용한 적이 있을 거다. 그런 머리를 주신 장본인이 바로

영원하신 왕의 상징

왕이신데도 말이야.

죄는 네 머리를 엉망으로 만든다. 건전한 상식을 앞뒤 위아래로 뒤집어 버린다. 그래서 모든 사람이 죄인인 줄 알면서도 **자기는** 절대 죄인이라고 생각하지 않는 거야. 남의 죄는 그렇게 쉽게 알아채면서도 자기 마음속에 있는 똑같은 죄는 보지 못하는 거고.

죄는 불합리하다. 그래서 모든 것에 독이 되지. 너와 다른 죄인과의 관계에도 독이 된다. 아담과 하와가 유혹에 걸려든 후 죄가 서로에게로 퍼져 나갔다. 하와는 아담을 돕고 싶지 않았고 아담은 하와에게 모든 탓을 돌리고 싶었어. 죄의 독에 감염된 두 사람이 서로 관계를 맺으려 할 때 또 무슨 일이 생길까? 자기가 사랑하는 사람들한테 금세 상처를 입히고 자기도 그들한테 상처를 입는다. 네가 자꾸 사과할 일이 생기는 건 죄 때문이야. 친구가 늘 친구로 보이지 않고, 가족한테 친절하게 말하기가 때때로 힘든 것도 다 죄 때문이지.

죄는 이처럼 모든 것을(세상에 있는 모든 것, 네 속에 있는 모든 것, 네가 다른 죄인들과 맺는 모든 관계까지) 엉망으로 만든다.

셋째로, **죄는 너와 왕의 관계를 망가뜨린다.** 죄의 가장 큰 악몽이 이거야. 첫 유혹을 받은 이래, 인간은 왕의 형상을 지니고 있으면서도 그 형상의 주인을 피해 숨고자 애써 왔다. 선악과 열매 사건이 일어났을 때도 아담과 하와는 **왕께** 달려가는 대신 도망쳐 버렸지. 왕이야말로 그들의 반역이 빚어낸 모든 문제의 해답이셨는데도 말이야. 왕은 지금도 우리의 반역이 계속 만들어 내는 모든 문제의 유일한 해답이시다.

하지만 큰 문제가 한 가지 있어. 완벽하게 거룩하신 왕은 죄를 가까이 둘 수도 없고 두지도 않으신다. 반역을

용납지 않으신다. 반역자들이 자신의 나라에서 사는 걸 허용치 않으신다. 그렇기에 조처가 필요하다.

왕은 바로 그 조처를 취하셨다. 아담의 죄가 세상에 낸 구멍을 그에 맞는 저주와 형벌로 채우셨지(그리고 얼마 후에는 그보다 더 큰 은혜로 채우셨다). 왕은 처음부터 아담과 하와에게 경고하셨다. 금지된 열매를 먹으면 죽는다고 하셨어. 그런데도 아담은 따먹었고, 죽음이 하나님의 완벽한 세계로 들어왔다.

맨 처음 나타난 결과는 영의 죽음이었다. 이 말은 아

담과 아담 이후 모든 사람이 왕의 사랑과 생명과 빛에서
분리되었다는 뜻이야. 영이 죽어 버린 두 사람은 왕이 계
신 특별한 동산 에덴에 머물 수가 없었고, 그건 너도 마
찬가지다. 반역을 고수하는 한 왕의 사랑 안에 들어가지
못한다.

영의 죽음은 몸의 죽음으로 이어진다. 아담의 죄는
땅 위의 삶에 타이머를 달아 놓았다. 네 삶은 알람이 울
릴 때까지만 작동하는 시계와 같아. 죄의 흉한 '친구'인
몸의 죽음이 너를 곧 세상 밖으로 데려가기 위해 기다리
고 있다. 죄를 피한 사람이 없으니 죽음 또한 피할 사람
이 없다.

하지만 몸의 죽음이 대단원의 '끝'은 아니다. 시초의
끝일 뿐이지. 이를테면 제일 좋아하는 시리즈 1권의 끝
과 같은 거야. 몸이 죽은 후에도 삶은 계속된다. 하지만
그때부터 살게 될 장래의 삶은 종류가 다른 삶, 영원한
삶이다. 그러니까 영이 죽은 자는 이 세상의 삶뿐 아니라
장래의 영원한 삶에서도 왕(원래 즐거워해야 할 대상, 영원한
기쁨과 소망의 유일한 원천)과 분리되는 거야.

이처럼 죄는 모든 걸 바꾸어 놓는다. 특히 왕과 너의
관계를 이 세상뿐 아니라 다음 세상까지 바꾸어 놓는다.

죄의 해답

왕은 네 어둠을 빛으로 바꾸신다

뱀 열쇠는 너와 세상과 다른 모든 사람에 대한 어둡고도 어두운 진실을 열어서 보여준다. 하지만 왕은 그 엄청난 사랑으로 인해 네 어둠을 빛으로 바꾸실 수 있어. 온전히 밝게 빛나는 왕의 아름다움을 비추어 어둠을 몰아내 주시지. 죄는 네 이야기의 끝이 아니다. 굳이 그렇게 끝낼 필요가 없어. 뱀과 죄와 수치심은 여기서 네 이야기를 끝내라고 소리쳐 요구하지만, 은혜로우신 하나님은 말씀을 통해 더 좋은 이야기를 써 주신다. 네게 임한 저주와 형벌을 진정한 치료의 소망으로 바꾸는 크나큰 자비를 베푸신다.

이제 곧 그 이야기를 읽게 될 거야. 왕은 네가 감히 바랄 수 없는 완벽한 **약속**을 주시기 위해 네가 받아 마땅한 무서운 **저주**를 사용하신다. 죄의 권세를 패배로 뒤바꾸

신다. 죄를 벌하시는 창세기 3장에서부터 이 은혜를 암시하신다. 한 아기(아담과 하와의 나중 나중 나중 자손)를 보내 세상을 '고칠 것'을 약속하신다. 그 아들이 뱀을 죽이고 모든 것을 바로잡게 하신다. **약속의 아들**이 친히 영의 죽음과 몸의 죽음에 짓밟히심으로 뱀의 머리를 짓밟게 하신다. 죄를 멸하고 죽음을 단번에 영원히 정복하게 하신다.

왕이 독을 빼내시는 방법은 아들을 보내 그 죄의 독을 직접 마시게 하시는 거야. 이제 넌 그 독을 마실 필요가 없다.

다음 열쇠를 돌려 왕이 무슨 일을 하시는지 지켜보길.

무덤 열쇠

그리스도에 대한 교리

열쇠를 돌리니 사방이 캄캄해진다. 하지만 세상이 만들어지기 전 허공 속에서 느꼈던 어둠과는 다른 어둠이다. 동트기 직전의 어둠이다. 햇살의 정복을 기다리는 듯한 어둠이다.

잠시 후, 부드러운 아침빛이 드디어 비치면서 이제껏 냄새와 촉감으로만 짐작했던 주변이 보이기 시작한다.

하지만 가느다란 빛만으로는 여기가 어딘지 알 수가 없다. 알아볼 만한 게 전혀 없다. 위에 하늘도 없고 아래 풀밭도 없다. 사방이 돌과 흙으로 막혔는데 유일하게 열려 있는 뒤편에서 빛이 새어 들어온다. 누가 굴려 냈는지, 사람이 판 묘실 입구를 막고 있던 둥글고 육중한 바위가 그 사이로 보인다.

돌문 밖은 가시덤불과 엉겅퀴로 빽빽한 동산이다. 동산 입구 너머에서 정신없이 바쁜 하루를 시작하는 도시의 익숙한 소음이 들려온다.

하지만 네 관심은 밖이 아니라 안에 있다. 한쪽 벽에 쌓인 천 뭉치에서 기름과 향료 냄새가 짙게 풍긴다.

그때 지혜롭고 친숙한 목소리가 돌벽에 메아리친다…….

그리스도의 위격°

그리스도, 죽음을 죽이는 자

네 소망은 **다른 분**께 있다. 에덴은 네 독을 빼 줄 누군가가 필요하다는 사실, 너 스스로 자신을 구원할 수는 없다는 사실을 가르쳐 주었다. 바다에 빠진 사람이 자기한테 구명장비를 던져 줄 수는 없는 노릇이지. 심장이 멈춘 사람이 스스로 자기 심장을 다시 뛰게 할 수는 없는 거야.

죄도 마찬가지다. 넌 자신을 죄에서 구해 낼 수가 없어. 단지 죽을 위험에 처한 것이 아니라 영으로는 이미 죽어 있기 때문이지. 죄인은 사형집행을 기다리는 죄수와 같다. 왕의 공평하고 의로운 법정에서 이미 사형선고를 받았다. 그 선고가 집행되길 기다리고 있을 뿐이야.

° 위격 | 어려운 말이지? 사람의 됨됨이는 '인격'이라고 하지만, 삼위 하나님 한 분 한 분을 가리킬 때는 '위격'이라고 한다.

물론 네 세상을 바로잡고자 노력하고 또 노력할 수는 있어. 네 죄와 문제에서 도망쳐 버릴 수도 있지. 하지만 아무리 열심히 노력하고 도망쳐도 네 죄와 문제는 사라지지 않는다.

그래서 지금 네가 이 무덤에 있는 거야. 무덤은 죄의 최종 처벌 장소다. 모든 사람의 이야기는 칠흑처럼 캄캄한 무덤으로 끝나게 되어 있지. 묘지가 널 포함한 모든 사람을 기다리고 있어. 죽음은 항상 남녀노소 가리지 않고 붙잡아 무덤으로 데려간다. 죽음이 그러는 건 모든 사람이 죄인이기에 모든 사람에게 권세를 휘두를 수 있기

  영원하신 왕의 상징

때문이다.

단 한 사람만 빼고.

바로 이분. 지금 이 무덤의 주인. 이분은 다르시다.

너도 봤니? 이 무덤이 뭐가 다른지 알겠니?

이 무덤은 비어 있다. 열려 있지.

그래서 이분을 죽음을 죽이는 자라고 하는 거야. 그것이 이분의 약속이자 이름이다.

네가 아는 이름은 다를 수도 있어. 세상과 구별되는 이분의 '비길 데 없는 신성'을 공표하기 위해 **하나님의 아들**이라고 부르는 이들도 있다. 본인은 스스로 **인자**라고 칭하셨지. 땅 위에서 사셨던 삶과 가르치신 교훈과 하신 일로 기꺼이 자신을 정의하신 거야. 어떤 이들은 하나님의 고유한 칭호인 **주님**으로 부르기도 한다. 또는 인간을 죄와 죽음에서 구하기 위해 세례받고 기름부음받으신 자, **메시아**, **그리스도**를 그분의 이름으로 아는 이들도 있지. **예수**라고 부름으로써 "그가 자기 백성을 그들의 죄에서 구원"하시는 분임을 조용히 선포하는 이들도 있다(마 1:21).

죽음을 죽이는 자는 이처럼 많은 이름들이 있는데, 각 이름에 담긴 진리를 합치면 그분이 하신 일과 아름다움을 아우르는 아름다운 모자이크가 된다.

죽음을 죽이는 자는 네 상상을 뛰어넘는 분이야. 네게는 도저히 상상할 수 없는 일을 해주실 분이 필요하다.

세상이 시작되기 전

이분의 이야기가 어떻게 시작되는지 생각해 보길.

아들의 출생을 생각하면 뭐가 떠오르는지? 목자나 천사나 동방박사나 구유 같은 이미지들이 한가득 떠오르는 건 아닌지? 그렇다면 **더 크게** 볼 필요가 있다. 이분의 이야기는 크리스마스보다 크다. 사실은 생각조차 할 수 없을 만큼 크지. 죽음을 죽이는 자는 언제나 계셨다. 그날 밤 베들레헴 옛 여인숙 밖에서 태어나신 게 아니야. 심지어 그 전에도 태어나신 적이 없지. 그렇다. 이분은 전에도 계셨고 지금도 계시고 앞으로도 영원히 계실 거다. 아버지와 함께, 성령과 함께. 이분 또한 하나님이시기 때문이다. 예수는 일체로 계신 삼위 중 한 분인 신성한 아들이시다. 존재하는 건 하나님의 본질이자 하나님의 일이야. 그렇기에 이분도 항상 존재하신다.

죽음을 죽이는 자가 몸을 입으시다

하나님은 세상을 만들기만 하신 것이 아니라 구원하신다. 하나님의 구출계획에는 죽음을 죽이는 자가 지니신 '아들만의' 아름다움이 나타나 있어. 너도 알겠지만 아들은 단순한 구출작전의 조력자가 아니야. 구출작전 그 **자체시지**. 아들은 하늘의 안락함을 떠나 창조세계로 들어오셨다. 아버지가 자기 백성을 무덤에서 끌어내 다시 데려가시고자 아들을 세상에 침투시키셨다.

그래서 크리스마스가 단지 선물을 포장하고 양말을

벽난로 옆에 잘 매달아 놓는 날에 그치지 않는 거야. 크리스마스는 **성육신**을 기념하는 날이다. 도저히 믿을 수 없는 일이 불가사의하게 일어난 날이지. **비길 데 없는** 하나님이 몸을 입고 **우리와 함께하는** 하나님이 되셨다. 신의 아들이 신인神人이 되셨다. 전에도 계셨고 이제도 계시고 앞으로도 계실 하나님이 여자의 몸에서 태어나셨어. 성령이 신비하게 잉태시키셨다. 세상에 태어나 구유에 잠들어 있는 이 아기, 처녀 어머니 마리아와 땅의 아버지 요셉이 지켜보고 있는 이 아기가 바로 세상을 창조한 장본인이시다. 이 구유를 만든 나무? 이분 거다. 저 들판에 있는 짐승? 이분 거다. 앞으로 이분을 보호하고 부양할 부모? 역시 이분 거다.

감히 생각도 할 수 없는 일이 일어났다. 창조자가 창조세계의 일부가 되셨다. 바로 너 같은 죄인을 위해.

그래서 죽음을 죽이는 자를 생각할 때는 더 크게 생각해야 하는 거다. 이분의 아름다움은 복합적인 거야. 이분의 빛은 베들레헴에서 깜박이고 나사렛에서 빛나다가 갈보리에서 꺼진다. 그리고 지금 네가 있는 무덤 밖으로 나가실 때 해처럼 찬란해진다.

  영원하신 왕의 상징

죽음을 죽이는 자의 아주 중요하고도 특별한 점은 어떤 점에서 너와 닮았으면서도 동시에 너와 다르시다는 거다. 다시 말해서 예수는 온전한 인간이면서 온전한 하나님이시다.

예수는 완벽한 인간이야. 말씀이 육신이 되셨다. 너처럼 인간의 몸을 가지셨고 너처럼 태어나서 자라셨어. 너처럼 지치시고, 배고파하시고, 목말라하시고, 피곤을 느끼셨다. 그리고 네가 장차 맞이할 운명처럼 이분 또한 죽으셨다. 너처럼 지혜와 지식이 자라났고 네가 느끼는 감정들을 그대로 느끼셨지. 놀라시고 슬퍼하시고 깊이 감동하시고 근심하셨다. 아담의 저주가 자신의 세상에 끼친 영향을 보셨을 땐 우시기까지 했다.

이 말이 이상하게 들릴지 모르겠군. 예수처럼 **특별한** 분은 본 적이 없는데 어떻게 그럴 수 있냐고? 그 질문 자체에 답이 들어 있다. 네가 이런 분을 본 적이 없는 건 **실제로** 이런 사람이 없기 때문이야. 죄와 죽음의 문제를 해결하려면 모든 면에서 너와 같은 사람이 필요하다. 하지만 한 가지는 달라야 해. 그는 완벽해야 하지. 넌 그리스도가 완벽한 인간임을 알 필요가 있어. 그리스도는 모든 면에서 너와 같지만 **죄는 없다.**

사실 예수는 너보다 더 인간다우신 인간이야. 아담과 같으면서도 아담보다 나으시다. 그는 죄가 없다. 죄를 짓지 않으신다.

그래서 죽음을 죽이는 자를 **알기가** 몹시 힘든 거다. 너는 죄로 파괴된 세상만 아니까 세상이 그냥 이런 곳인 줄 알지. 죽음도 자연스러워 보이고 눈물도 평범하게 보일 거야. 유혹에 빠지는 것도 살다 보면 다 그러려니 할 테고. 평생 지하에서만 살던 아이가 숲이나 바다에서 햇살을 받으며 노는 것이 무엇인지 모르듯, 죄인도 죄 없는

예수를 이해하기가 힘들다.

그래서 예수의 삶과 가르침이(정말 시간을 내서 이분의 책을 읽고 이분의 말씀을 듣는다면) 그토록 충격적으로 다가오는 거야. 심지어 불편하게 느껴질 수도 있지. 예수는 자신의 삶과 말씀으로 세상이 원래 이렇지 않았다고 가르치신다. 더 좋은 길을 제시해 주신다. 자신의 나라(뒤집힌 세상 한복판에 있는 똑바른 세상)를 주겠다고 하신다. 하지만 죄인들의 귀에는 정반대로 들린다. 그래서 세상이 예수를 거부하고 원수들이 침묵시키려 했던 거야.

많은 사람들이 그럴 수 있으리라 생각했다. 예수를 **한낱** 사람으로 여겼기에 처치할 수 있으리라 생각했다. 한낱 사람이라면 침묵시키는 것도 한 가지 선택사항이 되었을 거야. 하지만 지금 네가 있는 빈 무덤은 죽음을 죽이는 자가 사람 그 이상이라는 걸 가르쳐 준다. 예수 는 너와 함께하는 **하나님**이시다.

예수의 '비길 데 없는 신성'이 실제로 이 땅에서 사셨 던 삶과 하신 일 전체에 배어 있어. 이분도 아버지처럼 모든 것을 아시고 어디에나 계시며 모든 생명을 품고 계 신다. 만물의 창조자로서 항상 존재하며 창조세계를 다스리신다. 언제나 완벽하게 거룩하신 분으로서 제자들의 기도를 들으시고 기적을 행하시며 예언을 이루신다. 죄를 용서하시고 예배를 받으신다. 그리고 이 빈 무덤이 보여주듯, 가장 큰 원수인 죽음을 이기신다.

이것이 예수에 대한 증언이야. 죽음을 죽이는 자는 인간이면서 하나님이시다. 나사렛 예수이면서 하나님의 아들이시다. 네가 상상할 수 있는 것보다 더 크고 완벽하고 특별한 분이시다. 하지만 이 무덤 밖 분주한 도시의 길거리처럼, 세상 또한 가장 중요한 이분을 생각하기 위해 단 1초도 멈추지 않은 채 매일 그냥 지나쳐 버린다.

그리스도의 일

죽음을 죽이는 자의 행동

넌 세상처럼 하지 마라.

죽음을 죽이는 자를 무시하지 마라.

이분이 누구신지 열심히 생각해 봐야 한다. 신인이신 예수가 **누구신지** 정말 알고 싶다면 하나님이 사람이 되신 **이유부터** 알아야 해. 예수의 사명부터 알아야지. 그 사명을 알면 예수도 알게 된다. "예수가 누구신가?"라는 질문과 "예수가 무슨 일을 하셨는가?"라는 질문은 분리될 수 없어. 예수를 잘 알려면, **널 위해** 죽음을 죽이는 자가 되셨다는 것이 무슨 뜻인지 알려면 이 신성한 드라마의 주축이 되는 세 가지 중요한 행동을 잘 살펴보아야 한다.

행동 1. 십자가에서 죽으심

첫째로, 죽음을 죽이는 자는 왜 창조세계에 침투하셨을까? 본인이 직접 알려 주신다. "인자가 온 것은 섬김을 받으려 함이 아니라 도리어 섬기려 하고 자기 목숨을 많은 사람의 대속물로 주려 함이니라"(마 20:28).

하나님이 사람이 되신 건 우리와 자리를 맞바꾸시기 위해서다. 왕을 배신하고 배반한 죄인들은 마땅히 심판을 받고 죽임을 당해야 하지. 복음이 아름다운 건, 네가 배신한 그 비길 데 없는 왕이 너 같은 죄인들을 그 죄에서 구하기 위해 네 곁에 오셨다고 말하기 때문이야. 죽음을 죽이는 자가 세상에 와서 자기 원수들을 위해 죽으셨다. 죄 없는 분이 온 백성의 죄를 지고 십자가로 나아가셨다. 그런데 반역자들은 자신들을 구하러 오신 바로 그분의 손발에 못을 박고 머리에 가시관을 씌워 하늘과 땅 사이 나무 기둥에 매달았다.

하나님의 아들이 왜 굳이 이런 일을 겪으셨을까? 뱀과 죄와 죽음이 벌인 게임에서 이기시기 위해서였다. 모든 걸 바로잡기 위해 세상 역사상 가장 부당한 일을 당하셨다. 자기 백성에게 자유와 영원한 생명을 주기 위해 죄와 죽음의 문제를 단번에 영원히 해결하셨다. 널 위해, 네 대신 이 모든 일을 당하셨다.

네가 부모님한테 무례한 행동을 하고 거짓말을 했는데, 형이나 언니가 기꺼이 나서서 너 대신 외출금지를 당한다면 어떨지 생각해 보길. 누가 널 위해 그렇게 해준다는 걸 상상하기가 힘들지 않니? 하물며 온 우주의 왕이 자신을 거역한 자들의 모든 죄를 떠맡는다고 생각해 봐.

그건 너무나도 크고 놀랍고 과분한 일이다. 왕의 사랑은 항상 그렇게 크고 놀랍고 과분하지. 하나님이 세상에

와서 네 허물 때문에 찔리셨고 네 죄악 때문에 상하셨다. 널 치료해 주기 위해 네가 받을 형벌을 다 떠맡으셨다. 네 죄에 따르는 형벌을 십자가에서 이미 다 받으셨다.

예수가 **네** 죽음을 죽이는 자시라면, 하나님이 **네** 왕이시라면, 너도 이 모든 혜택을 누릴 거다. 하지만 네 왕이 아니시라면 직접 그 형벌을 받아야 한다. 영원토록.

행동 2. 죽음을 죽이심

자, 죽음을 죽이는 자는 왜 무덤에 머물지 않으셨을까? 그리스도의 부활(죽은 후 다시 살아나신 사건)은 하나님의 구출계획이 실제로 성공했다는 증거다. 부활하지 않으셨다면 지금도 죄와 죽음이 널 통제하고 있겠지. 죄와 죽음은 세상에 치료제가 없는 바이러스야. 하지만 신인이신 예수가 네 병의 해독제가 되어 주셨다. 네 바이러스를 친히 삼키시고 그 결과를 감수하셨다. 그리고 네 병이 그분께 아무런 영향도 끼칠 수 없었음을 온 세상에 나타내셨다. 부활이 생생하게 보여주는 사실이 이거야. 그리스도가 네 죄를 지고 네 죄에 따르는 죽음을 당하셨다는 것, 그리고 부활하여 죽음의 권세를 깨뜨리셨다는 것. 이처럼 예수가 무덤 밖으로 나오셨기에 하나님이 네 왕이 되실 수 있는 거다.

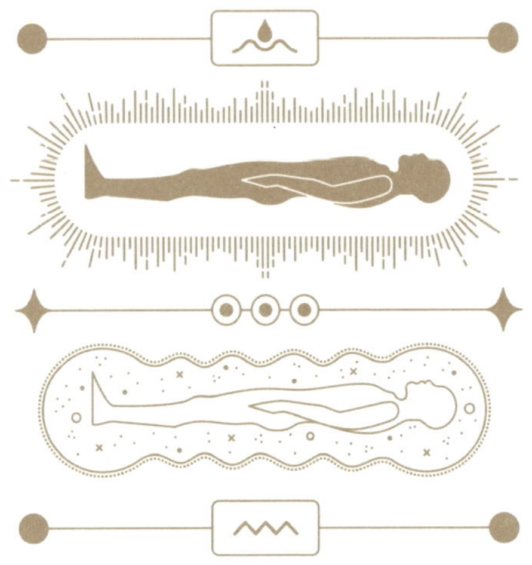

죽음을 죽이는 자가 죄인들을 위해 죽으셨을 뿐 아니라 죽은 자들 가운데서 다시 살아나셨다는 이 사실을 꼭 기억하길. 부활은 승리의 노래다. 예수가 널 구해 내셨다고 빈 무덤이 소리치고 있다! 그리스도의 죽음으로 네가 무덤을 벗어나 왕과 함께 영원히 살 길이 진정 열렸다고 공표하고 있다. 죄가 예수를 장악할 수 없었기에 죽음도 예수께 권세를 휘두르지 못했다.

부활이 있기에 하나님의 똑바른 나라가 뒤집힌 세상 (지금 우리가 알고 있고 살고 있는 세상)을 고쳐 나갈 수 있는 거야. 부활하신 생명의 능력이 구원을 위한 죽음의 능력에 연료를 공급한다. 빈 무덤은 지금 세상보다 더 좋은 세상, 영원한 진짜 세상으로 들어가는 열린 문이다. 그리스도가 죽은 자들 가운데서 살아나셨다는 건, 왕이 그 백성을 위해 죽음의 독침을 최종적으로 완전히 뽑아내셨다는 뜻이다.

기억하는지?
네 소망이 다른 분께 있다고 했던 말.

그 소망은 무덤 밖으로 나가신 예수의 모든 걸음에서 피어났다. 그리고 예수의 부활을 자신의 부활로 삼은 자들을 통해 지금도 계속 퍼져 나가고 있지.

행동 3. 정당한 자리에 앉으심

네가 지금 무슨 생각을 하는지 안다. 죽음을 죽이는 자가 어디 계신지 알고 싶지? 그 대답은 두 번의 '복귀'에 있다.

첫 번째 복귀는 그리스도가 아버지께로 돌아가신(승

천하신) 거야. 부활 후 이 땅에서 40일간 사역하고 가르치시다가 하늘로 돌아가 자신의 정당한 자리인 하나님 우편에 앉으셨지. 그가 땅에서 하신 일로 인해 하늘과 땅이 연결되었다. 땅에 계실 때는 고난을 당하셨지만, 지금 하늘에서는 아버지가 주신 영원한 통치권과 권세와 권위와 지배권을 행사하고 계신다. 하늘 알현실로 돌아가셨다고 해서 땅에서 하실 일이 끝난 건 아니야. 그렇다. 그리스도는 자신이 구한 백성을 위해 지금도 일하고 계신다.

하늘로 복귀하신 이 일의 의미에 주목하길. 그리스도는 인간성을 그대로 지니고 하늘로 가셨다. 이 점을 놓쳐서는 안 된다. 그리스도가 부활하고 승천하셨다고 해서 더 이상 인간이 아니신 게 아니야. 오히려 인간성을 올바로 회복하심으로 형상 지닌 자들이 왕께 환영받을 수 있게 하셨다. 죽음을 죽이는 자에게 속했다면 너 또한 환영받을 거다.

그리스도가 승천해서 하시는 일이 또 있어. 자신의 죽음과 부활의 공로에 근거하여 하나님 앞에서 널 변호해 주신다. 네가 그분의 것이라면 세상이나 뱀이 너한테 퍼붓는 어떤 비난도 막아 주실 거다. 네가 그분의 것이라면 아버지의 보좌 앞에서 널 위해 기도해 주실 거다.

하지만 하늘에 계속 머무시는 건 아니야. 세상으로 복귀하신다. 너희 세상에서는 '재림'이라고 부르지. 죽음을 죽이는 자는 땅으로 돌아와 모든 약속을 이룰 것을 맹세하셨다. 그분이 죄와 죽음을 이기셨는데도 세상은 여전히 죄와 죽음으로 가득하지 않니? 그분이 하신 일에 효력이 없어서가 아니다. 오히려 선물을 주고 계신 거지. 승천과 재림 사이의 기간은 반역자들이 정당한 왕께 돌아갈 수 있는 기회다.

그리스도가 돌아오시면 죄와 죽음과 뱀을 단번에 영원히 처리하실 거다. 모든 원수를(참된 왕을 거부한 남녀노소를 포함해서) 최종적으로 벌하실 거다. 그렇게 만물을 바로잡으실 거다. 그리스도가 재림하시면 모든 것이 제 궤도를 찾고 모든 슬픔이 세상에서 사라질 거다. 하늘과 땅이 연합되고 왕의 보좌가 새로운 세상의 중심에 놓일 거다.

치마 밑단을 바느질하듯 이 약속이 그리스도의 십자가와 부활과 승천이라는 실을 잡아당겨 그분이 장차 하실 일을 소망하게 만든다. 주님, 하나님의 아들, 인자, 그리스도 예수, 죽음을 죽이는 자가 영원 전과 영원 후를 하나로 합치실 거다. 하나님을 사람과, 사람을 하나님과, 크리스마스를 부활절과, 시작을 끝과, 그리고 너를 네 자신과 연합시키실 거다. 네가 그분을 네 왕으로 모신다면.

이제 남은 질문은 하나다. 네 소망은 어디 있지? 왕께 돌아갈 길을 여신 죽음을 죽이는 자에게 있니?

그걸 알아볼 길은 하나뿐이다.
이제 열쇠를 돌려 죽음을 죽이는 자가 널 위해 하신 일을 보길.

성령 열쇠

성령에 대한 교리

열쇠를 돌리자 무덤과 동산에 바람이 불어온다.

먼지가 가라앉길 기다려 눈을 뜨니, 아득히 넓고 황량한 광야가 펼쳐져 있다. 잡초 우거진 동산이 허허한 모래 언덕으로 바뀌어 버렸다. 지평선만 보이는 광야의 아득한 외로움이 좁은 묘실의 벽들을 대신하고 있다.

그때 지혜로운 목소리가 다시 들려온다…….

성령은 살아 계신다

네게 가장 필요한 건 새 마음

네게 가장 필요한 건 새 마음이다.

그래서 성령이 아들을 광야로 이끄신 거다. 왕은 가장 어울리지 않을 것 같은 곳에 아들을 두셔야 했지. 세상은 그걸 몰랐지만 성령은 아셨다. 그래서 사막으로 이끄셨다. 아담이 하지 못했고 너 또한 할 수 없었던 일을 하도록 죽음을 죽이는 자, 하나님의 더 좋은 형상, 인자를 그리로 데려가셨다.

성령은 인자가 뱀의 잔인한 시험을 당하게 하시고 성령의 말씀으로 그 유혹을 물리치게 하셨어. 마침내 대단원이 시작된 거지. 여기서 죽음을 죽이는 자가 발뒤꿈치로 옛 뱀의 머리를 밟으셨다. 그리고 치명타를 가할 완벽한 때가 오길 기다리셨다.

성령이 이렇게 하신 이유는, 아들을 충실히 인도하여

아버지가 절대 잊지 않으시는 심오한 약속을 이루게 하기 위해서였다.

성령이 하시는 일이 바로 이거야. 아들과 관련된 모든 일. 그래서 왕의 아들이 광야에서 당하신 시험도 당연히 주관하신 거다. 이분이 하시는 일을 살펴보면 항상 어떤 식으로든 죽음을 죽이는 자와 관련된 걸 알 수 있다. 이것이 성령의 사역이요 성령이 일하시는 방식이다. 아름다운 방식이지.

그럼에도 성령은 정당한 권리를 가지고 계신다. 스스로 그 권리를 추구하시기 때문이 아니라 이분 또한 하나님이시기 때문이야. 하나님과 그분의 구원계획을 알려면 이분 또한 알아야 한다. 성령은 죽음을 죽이는 자가 하신 일을 네 죽은 마음의 해독제로 바꾸어 주신다. 네 마음을 다시 살려 주신다. 성령의 뛰어나신 점은 모든 자리에 항상 계시면서도 무대 중앙에는 결코 서지 않으신다는 거다. 중앙은 언제나 아들께 내드리신다. 하지만 성령을 좀 더 열심히 바라보아야 할 때가 있고, 성령은 마땅히 그렇게 바라보아야 할 분이다.

성령이 누구신지(성령께 해당되지 않는 모습이 무엇인지) 먼저 알 필요가 있어. 확실한 건 단순히 신비한 힘이나 순간의 느낌이 아니라는 거다. 성령은 사물이나 물질이 아니야. 성령은 '그것'이 아닌 '그분'이시다. 그렇다. 성령은 하나님이시다. 성경이 말하는 삼위일체 하나님이시다. 삼위일체의 제3위시다. 똑같은 '본질'을 공유하시는 '삼위 하나님' 중 한 분이시다. 아버지나 아들과 동등하신 하나님으로서 똑같은 본질을 공유하고 계신다.

그러면서도 인격적으로 행동하신다. 성령에 대해 알려 주는 하나님 말씀에 주목하길. 네가 아는 다른 사람들처럼 성령도 생각하시고 선택하시고 자유로이 행동하신

다. 물론 신이시기에 이 모든 걸 완벽하게 하시지. 또한 사람과 비슷한 감정을 느끼시고 비슷한 일을 겪으신다. 하지만 성령이 인격적이시라는 걸 참으로 알려 주는 특징은, 우리가 아버지나 아들과 인격적인 관계를 맺듯이 성령과도 인격적인 관계를 맺을 수 있다는 거야.

성령은 일하신다
성령의 신성한 활동

성령이 누구신지 알면 그분이 하시는 일을 이해하는 데 도움이 된다. 성령의 모습과 그분이 하시는 일은 하나님의 영광과 관련이 있을 뿐 아니라 네 유익과도 관련이 있어. 하나님은 백성 안에 계신 성령 안에서, 성령을 통해 자신의 약속을 이루신다. 성령은 조용하신 분으로서, 왕의 모든 계획과 약속이 마침내 뿌리를 내리고 꽃을 피워 네 소망과 행복이 되기까지 천천히 꾸준하게 물을 주신다.

성령은 창조하신다

그래서 태초부터 성령이 계셨던 거다. 지금 여기 광야를 생각해 보길. 죽음을 죽이는 자가 어떻게 여기까지 오시게 되었지? 성령이 이끄셨기 때문이다. 성령은 세상과 백성을 구해 내겠다는 하나님의 맹세를 확실히 이루

기 위해 예수를 광야로 이끄셨다. 예수가 땅에 다니시기 오래전부터 이미 하나님의 약속을 이루어 오셨지. 창조세계의 '장엄한 시작'에도 실제로 참여하셨다. 아버지와 함께, 아들과 함께, 혼돈에서 질서를 창조해 내시고 어둠에서 빛을 끌어내셨다. 물 위에 운행하시며 왕의 형상대로 지은 자들이 지녀야 할 모습을 결정하시고 선포하셨다.

성령은 구하신다

죄인을 구하시는 것은 성령 자신의 목표이기도 하다. '성육신 이전'에는 하나님이 약속하신 분(너 같은 반역자들을 구원하기 위해 왕이 보내실 분)을 고대하며 기다리도록

도우셨지. 선지자들에게 기름을 부어 하나님의 말씀을 그대로 전하게 (그리고 기록하게) 하심으로써 예수가 땅에서 하실 일을 위해 미리 예비하게 하셨다. 또 이스라엘의 제사장들을 통해 일하심으로 그들이 거룩하신 왕과 불순종하는 백성 사이에서 중보하게 하셨다. 성막과 성전을 짓고 아름답게 하기 위해 택함받은 예술가와 장인들에게도 영감을 주시고 그들을 지도해 주셨다. 나라의 지도자들, 특히 사사와 왕들 또한 지도하여 하나님이 맡기신 선한 일을 감당케 하는 데 초기 사역을 집중하셨다.

이러한 '성육신 이전' 사역은 '성육신 기간'의 사역에 빛을 비추어 준다. 전에도 항상 일하셨지만, 아들이 오시자 마치 오케스트라 지휘자처럼 박자를 점점 더 빠르게 끌어기셨디. 예수는 성령의 크레센도다! 성령의 가장 큰 바람은, 네가 말라기에서 마태복음으로 성경을 넘길 때 예수야말로 왕이 오래전 약속하신 그분임을 깨우치시는 거다.

성령은 성육신 이전의 모든 사역이 성육신으로 이어진다는 걸 알리고 싶어 하신다. 성령이 이스라엘의 선지자와 제사장과 왕 위에 임하셨던 건 더 좋은 선지자요 제사장이요 왕이신 예수께 나아갈 길을 준비시키기 위해서였다.

예수가 더 좋은 선지자(더 좋은 모세)라는 걸 어떻게 알까? 더 좋은 제사장(하나님과 너 사이에서 중보하시는 분)이라는 걸 어떻게 알까? 단번에 바쳐진 속죄제물이라는 걸 어떻게 알까? 뒤집힌 세상에 똑바른 나라를 시작하신 더 좋은 왕이라는 걸 어떻게 알까? 다윗과 같으면서도 모든 점에서 그보다 훨씬 뛰어난 왕이라는 걸 어떻게 알까? 성령이 알려 주심으로 안다. 성령은 차의 헤드라이트와 같아. 우리는 헤드라이트 자체를 보지 않는다. 그건

헤드라이트의 목적이 아니니까. 헤드라이트의 목적은 앞을 비추는 거다. 그처럼 성령도 아들을 비추신다. 널 구하러 오신 죽음을 죽이는 자께 빛을 비추어 그분을 보게 하신다.

여기 아름다운 약속이 있다. 하나님은 자신의 이야기를 시작하실 때부터 백성 모두에게 성령을 부어 주겠다고 하셨다. 아들도 자신이 십자가에서 할 일을 다 이루시면 성령이 내려와 믿는 자들 안에 거하시면서 지도하시고 도우시고 가르치실 거라고 하셨다. 이 약속이 있었기에 아들이 부활하시고 아버지께 올라가시자마자 성령이 제자들에게 내려오신 거다. 과연 성령은 그들 안에 거하면서 그들을 통해 일하심으로 왕의 나라를 온 세상에 확장시키셨다. 이처럼 성령은 그리스도의 나라가 건설되고 하나님의 약속이 이루어지도록, 아들이 하신 일이 반역자들에게 적용되도록, 왕의 백성이 계속 백성답게 살아가도록 보장하기 위해 아버지와 아들이 세상에 보내신 신적이면서도 인격적인 적임자시다.

성령은 예수의 빈 무덤 이편에서 구원계획을 이끄신다. 맨 먼저 하신 일은 하나님의 각본인 성경을 주신 거야. 성경 집필을 감독하시고 내용을 보장하시며 권위를 확립하셨다. 성경 저자들은 분명 인간이다. 너도 바울이나 요한의 이름을 들어 봤을 테고, 이사야나 모세의 이름 역시 들어 봤겠지. 하지만 신적인 저자도 계신다는 걸 잊어선 안 된다. 재능이 있지만 흠도 있는 자들이 풍성하고 아름답고 인격적이면서도 완벽한 성경을 쓰도록 보장하시기 위해 그들 안에서, 그들을 통해 일하신(이번에도 배후에서 일하신) 성령이야말로 성경의 저자시다. 하나님은 성령을 통해 자신을 설명하셨다. 성경에 나오는 이야기나 편지나 시나 잠언들은 단순히 사람들이 하나님에 대한 자기 생각을 쓴 게 아니야. 성령으로 충만해진 자들,

성령의 지도를 받은 자들의 마음과 정신을 통해 하나님이 친히 자신에 대한 생각을 쓰신 거다.

마치 강물이 호수를 통과하는 일과 같다. 강물이 호수에 흘러들면 두 물이 잠시 하나가 되는 것처럼 성령도 인간 저자들 안에서, 그들을 통해 신적이고 인간적인 글쓰기를 하심으로써 신이요 인간이신 하나님(인간을 다시 신성하게 만들기 위해 오신 분)에 대한 책 곧 성경을 쓰셨다.

성령이 일하시는 방식을 기억하길. 성령은 맨 앞줄에서 세상의 무대 중앙에 서신 예수를 가리키신다. 자신이 쓰신 책에서도 그렇게 하신다. 예수야말로 처음부터 끝까지 이 걸작의 주인공임을 확인시키신다. 성경의 글자와 단어와 문장들은 전부 아들의 위대한 승리를 집중적으로 비추는 조명이다.

또한 성령이 하시는 가장 큰 일 한 가지는 왕의 원수를 제자로 바꾸시는 거야. 그리스도의 성취를 실제로 백성에게 적용해 주신다. 태초에 세상을 창조하셨듯이 세상과 하나님 백성을 재창조해 주신다. 그리스도를 처녀의 몸에서 태어나게 하시고 구유에 누웠을 때부터 부활할 때까지 이끄신 성령이 그 구원계획을 너에게 직접 시행해 주신다. 하나님의 모든 일과 약속이 성령을 통해 비로소 네 것이 되는 거야. 왕의 구원을 받을 수 있도록 세상을 준비시키는 일 또한 성령이 하신다. 네가 자신을 구원할 수 없는 죄인임을 깨우치는 일도 성령이 하신다. 성령은 그리스도가 구출작전을 맡으셨다는 좋은 소식을 **바로 널 위한** 소식으로 만드신다. 그리스도가 하신 일을 네 것으로 만드시고 널 다시 새롭게 해주신다.

이게 전부가 아니야. 성령은 계속 일하신다. 믿는 자 안에 거하시고 세례를 주시며 충만케 하신다. 하나님 백

성을 예수와 연결시켜 예수가 주시는 혜택을 누리게 하
신다. 그래서 성령을 '양자의 영'이라고 하는 거다. 성령
은 하나님과 무관했던 자를 가족으로 만드신다. 하나님
의 원수였던 자가 하나님을 "아빠, 아버지"라고 부르게
하신다.

성령은 이루신다

성령은 백성과 계속 함께하신다. 왕의 일이 다 끝날
때까지 네 안에서 함께 사신다. 길고 험한 여정 내내 함
께 가신다. 평생에 한 번만 일해 주시는 게 아니다. 죄인
을 구해 주실 뿐 아니라 이전으로 돌아가지 않도록 안전

하게 지켜 주신다. 그리스도의 나라에서 살게 하시고 그 나라를 건설하며 확장시킬 선물들을 주신다. 예수만큼 거룩해지라고 요구하시는 동시에 실제로 거룩해지도록 도와주신다. 시간이 흐르면서 확실히 죄를 더 미워하고 세상을 덜 사랑하도록 네 안에서 일하신다.

네가 성령의 것이 되었다면 그 표시가 나타날 거다. 성령은 자기 것에 도장을 찍어 놓으신다. 이 도장은 네가 영원히 왕께 속해 있고 왕의 약속 또한 영원히 네 것이 되었다는 걸 너와 세상에 알리는 표시다. 이걸 어떻게 알까? 성령이 바로 그 도장이야. 도장이 찍혔다면 성령이 계신 거지.

이 모든 일을 하시는 성령이 **네 안에도** 사실 수 있다. 성령은 널 죽음을 죽이는 자와 연합시키신다. 왕의 나라로 들어가는 문들을 열어 주시고 그 나라에서 계속 살게 해주신다.

그 문들로 들어갈 용기가 있는지? 문들 저편에 뭐가 있는지 알고 싶은지? 그렇다면 열쇠를 돌려 성령이 무엇을 주시는지 보길.

판사봉 열쇠

구원에 대한 교리

열쇠를 돌리니 동풍이 세게 불어와 모래와 바위와 언덕을 다 날려 보낸다. 사방이 고요하다. 머리 위 밤하늘을 가르는 별빛이 좁은 길을 희미하게 비추고 있다. 좁은 길은 훨씬 더 좁은 입구로 이어진다. 그 입구를 지나니 수정같이 맑은 유리 바다가 펼쳐지고, 먼 바닷가에 에메랄드빛 장엄한 보좌와 그 보좌를 둘러싼 스물네 개의 작은 보좌들이 보인다. 바다 건너 아름다운 광경을 자세히 보려고 애쓰는데 무언가 눈길을 사로잡는다. 보좌 중앙에 큰 책 또는 두루마리 같은 게 있다. 그걸 보고 있자니 두려움과 소망이 한꺼번에 몰려온다. 넌 움츠러들었다가 울었다가 웃었다가 한다. 왠지 그 책은 다른 책과 다르다는 걸 알 수 있다. 네가 그 책을 읽는 게 아니라 그 책이 널 읽는다.

바다가 그 책이 놓인 보좌와 너 사이를 가로막은 데는 이유가 있다. 책을 읽고 싶어도 펼칠 수가 없다는 걸 넌 안다. 자신의 무가치함이 너무 절실히 느껴져 눈물이 쏟아진다. 항상 바랐던 모든 것이 바다 건너 보좌에 있는데, 그 거리가 하염없이 멀게만 보인다.

그때 먼 바닷가에서 무슨 소리가 들려온다. 낯선 소리다. 기이한 소리다. 으르렁거리는 사자의 포효와 매매거리는 양의 울음이 섞인 것 같다. 아니, 그런 말로도 표현되지 않는다. 그보다 더 아름다운 소리다. 그 소리를 들으니 제일 좋은 감정들이 차오른다. 눈보라 칠 때 마시는 뜨거운 코코아처럼 영혼에 위안이 되고, 크리스마스 아침 동틀 때처럼 간절한 기대감이

생긴다. 그때 그 소리가 멈춘다.

　아름답고 신비한 그 소리를 영원히 듣고 싶다. 사자이신 어린양이 또 말을 해준다면 더 이상 바랄 게 없을 것 같다. 그런데 지금은 침묵뿐이다.

　그때 지혜롭고 친숙한 목소리의 속삭임이 다시 들려온다…….

구원의 바다
이제는 네 몸값을 치를 수 있다

이제는 네 몸값을 치를 수 있다.

책을 펼칠 수 있는 분을 만나보고 싶으면 한 걸음 내디뎌 보길.

사자이신 어린양의 목소리를 듣고 싶은 열망이 두려움을 몰아내 줄 거야. 눈을 감고 심호흡을 한 후, 한 걸음 내디뎌 보길. 네 생각처럼 바다에 빠지기는커녕 바닷물이 한데 모여 널 떠받치는 손이 되어 줄 거다.

선택의 손

넌 지금 가장 안전한 장소에 있다. 신성한 선택의 손 안에 있지. 완벽하신 삼위 하나님이 창조 전에 이미 완벽하게 구상해 놓으신 구원의 모든 목적이 바로 이 손 안에 들어 있다. 선택은 왕이 자신의 영광과 백성의 기쁨을

위해 준비하신 견고하고도 확실한 계획, 아무도 깨뜨릴
수 없는 계획이다. 왕은 세상의 기초를 놓으시기도 전에
이 구출작전을 세우셨다.

왕의 손에서 흘러넘치는 사랑을 보고 싶으면 한 걸음
만 더 내디뎌 보길. 편안한 왕의 손안에서 떠나고 싶지
않겠지만, 좀 더 알고 싶은 마음도 있을 거다. 그러니 한
걸음 더 내디뎌 보길. 그러면 물이 피로 바뀌면서 오래되
고 붉은 나무 십자가 모양이 될 거다.

속죄의 십자가

네 앞에 있는 것은 구원의 도구인 속죄의 십자가야. 빈 무덤에서 이미 보았듯이 세상을 위한 구상을 굳게 붙잡고 있는 손이 모든 역사를 이끌어 가장 중요한 이 순간(예수가 십자가에서 죽으신 순간)에 이르게 했다. 그분이 오신 이유를 기억하는지? 자기 목숨을 많은 사람의 몸값으로 치르기 위해서였다. 죄의 종으로 팔린 백성을 다시 사기 위해 자신을 희생하셨다. 예수의 죽음으로 죄와 사망의 감옥이 깨졌고, 예수의 부활로 백성이 무덤에서 벗어나 영원한 생명을 얻게 되었다.

지금 네가 십자가 아래 있는 건 이제부터 보게 될 모든 것이 예수의 찔린 옆구리에서 흘러나오기 때문이야. 예수는 자신의 죽음으로 널 다시 사실 수 있게 되었다. 죽음을 죽이는 자가 널 위해 하신 일을 정확히 알고 싶으면 계속 더 나아가야 한다. 그러니 한 걸음 더 내디뎌 보길. 이번엔 물이 맹렬히 솟구치며 산 모양을 이룰 거다. 이상하게도 절벽 바로 앞 공중에 나무로 만든 문이 하나 떠 있을 거다.

부르심의 산

네가 서 있는 곳은 부르심의 산 꼭대기다. 넌 여기서

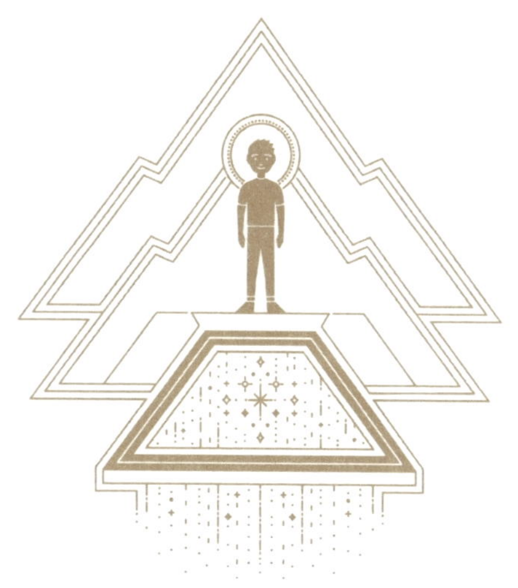

하나님의 이야기를 듣게 된다. 죽음을 죽이는 자와 십자가와 죽음을 죽이신 장소인 빈 무덤에 대한 이야기를 듣게 된다. 널 위해 죄와 죽음을 죽이신다는 말씀 또한 듣게 된다. 이것이 복음의 부르심이다. 하나님은 자신이 하신 일을 네가 알고 믿길 바라신다. 죽음을 죽이는 자가 너 같은 죄인을 대신하려고 오셨다는 걸 깨닫길 바라시지. 자신의 약속을 듣고 죄와 반역의 삶을 거부하길 바라신다. 이런 복음의 부르심을 통해 회심의 문으로 소환하신다.

너한테도 그 부르심이 들리는지? 왕의 구원계획이 들리는지? 사자이신 어린양께 나아가는 길이 여기 있다.

이제 산꼭대기에서 내려와 보좌와 책 앞으로 더 다가

가길.

한 걸음 더 다가가면 물의 산이 폭발하면서 사람의 심장 모양이 될 거야. 한 가지 다른 점은 사람의 신체라기보다 돌처럼 보인다는 거지. 바위처럼 딱딱하고 아무 움직임이 없다. 그런데 그때 한 가지 변화가 일어난다. 좌심방이 맹렬히 뛰기 시작하면서 진짜 박동하는 심장의 색과 모양과 느낌이 바위 같은 외피로 퍼져 나간다.

중생의 심장

지금 네가 보는 건 중생의 심장이다. 복음의 능력이 여기 있어. 죽은 심장이 살아나듯 성령이 죽은 영을 살리신다. 왕을 대적하여 싸우던 옛 미움을 왕을 위해서라면 무엇이든 하는 새 사랑으로 바꾸신다. 영이 죽은 자들에게 영의 생명을 주신다. 성령이 이렇게 살리시기 전까지 모든 사람의 영은 죽어 있지. 그래서 하나님이 새 출생과 거듭남에 대해 그토록 많이 말씀하시는 거야. 성령은 영의 생명을 다시 주신다. 죽은 눈을 되살려 죄의 독을 보게 하시고, 그 독의 유일한 진짜 해독제이신 죽음을 죽이는 자를 보게 하신다. 성령이 만들어 주신 이 심장을 가진 자들만 '회심의 문' 앞에 가서 그 문을 열 수 있다.

그분의 아름다움을 더 보고 싶다면 다음 걸음을 내디디길. 이번엔 물이 일렁이며 기이하게 생긴 망치 같은 물건 가장자리에 널 올려놓을 거다.

칭의의 판사봉

이건 재판장이 사용하는 칭의의 판사봉이다. 새 마음이 생겼다면 새 소망도 생긴 거야. 이젠 하나님의 공평한 재판정에 서지 않아도 된다. 넌 자유다. 더 이상 적군이 아니야. 무법한 반역자들을 단번에 영원히 처리하실 의로운 용사 왕의 편이다.

하나님이 친히 그렇게 선포하신다. 마치 판사처럼 자신을 믿는 죄인은 무죄하며 자신의 거룩하고 순결한 눈앞에서 의롭다고 모든 청중 앞에 공표하신다. 어떻게 그럴 수 있을까? 어떻게 평생 반역자로 살아온 사람이 변함없는 성도가 될 수 있을까?

이 일은 비길 데 없는 왕이 죽음을 죽이는 자의 의로움과 거룩함을 믿음 가득한 자들의 몫으로 돌리심으로 가능하다. 너희 세상의 신학자들은 **전가**라고 부르지. 그리스도가 하신 일에 근거해서 그분의 의와 네 죄를 맞바꾸시는 거다. 널 의롭다 하시려고(그걸 **칭의**라고 한다) 얼마나 비싼 값을 치르셨는지 보길. 하나님은 죄를 향한 자신의 미움과 진노를 우주의 거대한 깔개 밑에 쓸어 넣지 않으신다. 그렇다. 믿음 가득한 자들을 위해 자기 아들에게 쏟으신다. 죄인의 칭의를 위한 값으로 자기 아들을 희생시키신다.

하지만 너도 알다시피 죽음은 아들을 붙잡아 둘 수 없었어. 그래서 아들이 죽음을 죽이는 자가 되어 이 일을 하신 거다. 자신의 의와 무한한 상을 선물로 주기 위해 네 죄를 무덤으로 가져가 네 대신 죽으신 거다.

거룩하신 왕의 요구가 무엇인지, 널 향한 왕의 사랑이 얼마나 깊은 것인지 깨달았다면, 이제 판사봉에서 내려와도 된다. 고개가 숙여지고 목이 메더라도, 다음 걸음을 내디뎌 보길. 거의 즉시 좁은 다리 입구에 서게 될 거야.

화해의 다리

여기는 화해의 다리다. 믿음 가득한 여행자들이 왕의 나라로 가는 길을 찾게 하려고 높으신 왕이 친히 세우셨지. 다리 밑에는 에덴의 금지된 열매를 처음 따먹은 이래 하나님과 인간 사이에 생겨난 분노와 적대감의 시커먼 물결이 소용돌이치고 있다. 왕은 그 지혜와 자비로 나라의 배신자들을 시민으로 복귀시키신다. 평화를 되찾으

신다. 원수를 친구로 바꾸어 자신의 아름다운 나라로 건
너오게 하시고 잔치 자리에 앉혀 주신다.

더 나아가 왕은 죄인들을 회복시켜 주신다. 이제 다
리에서 내려와 왕이 하시는 또 다른 일을 보길. 한 걸음
더 내디디면, 그 다리가 떡갈나무(뻗어 나간 가지들이 양쪽
바닷가에 닿을 만큼 거대한 나무)로 변할 거다.

입양의 나무

이건 신성한 입양의 나무다. 네가 왕께 속했다면 이
나무의 가지 하나를 차지한 거다. 왕을 믿고 따르는 자는
가족으로 삼아 주신다. 자녀로 입양해서 가족 나무의 가
지 하나를 내주신다. 너와 왕을 갈라놓았던 해로운 것들
은 제거하시고 가족으로서 누릴 수 있는 좋은 것들은 전
부 주신다. 왕을 떠나 분리되었던 자들이 가장 사랑받는
자녀가 되어 왕의 품에 달려가 안길 수 있다. 죽음을 죽
이는 자가 십자가에서 하신 일 덕분에 영원히 비길 데
없는 왕의 가족이 되는 거다. 죽음을 죽이는 자는 능히
널 왕의 아들딸로 만드신다. 이제는 왕과 왕의 나라를 다
가질 수 있다. 그뿐만이 아니다. 양자가 되면 너처럼 왕
의 인자한 은혜 속에서 자유와 행복을 누리는 다른 형제

　　　　　　　　　　　　영원하신 왕의 상징

자매들도 만나게 된다.

한 걸음 더 나아가 이 굉장한 선물들이 서로 어떻게 어우러지는지 보길. 다음 걸음을 내디디면 나무가 울창해지면서 끊을 수 없이 단단하게 엮인 큰 띠가 될 거야.

연합의 띠

네 앞에 있는 건 연합의 띠다. 이 띠가 하나님 백성과 영원한 보좌 앞에 있는 모든 것을 엮어 주고, 믿음 가득한 자들과 그들이 믿는 왕을 연합시켜 준다. 이 말은 이 나라의 새 시민들이 왕과 같은 신분을 갖게 된다는 뜻이

다. 죽음을 죽이는 자가 죽으시고 묻히시고 부활하시고 승천하신 일이 전부 네가 겪은 일이 된다. 너와 널 구원해 주신 분이 하나가 됨으로써 그 죽음과 부활의 혜택을 누리게 된다. 그리스도와 연합함으로써 그의 죽음은 네 죽음이 되고 그의 부활 또한 네 부활이 된다. 세상은 널 보면서 네 구주를 보게 된다.

이 일은 네가 생각해 낸 것이 아니라는 점 또한 기억하길. 넌 이 일이 얼마나 필요한지조차 몰랐다. 그런데 왕이 자신을 미워하는 자들을 구원해 주려고 오셨다. 왕이 네 안에, 네가 왕 안에 살 수 있는 길을 열어 주셨다. 그로 인해 모든 것이 달라지게 되었다. 네가 믿음으로 가득해지면 어둠 속에 살던 이전 삶이 아들의 아름다운 빛을 반영하는 삶으로 변화된다. 넌 네 원천이 되시는 분의 따뜻한 광채를 세상에 비추는 햇살이 된다. 어딘가 다르면서도 분간되지 않을 만큼 그리스도를 닮게 된다. 그리스도와 그분의 백성은 그렇게 닮아 간다.

이 모든 일만큼 아름다운 일, 아니 그보다 더 아름다운 일이 기다리고 있다. 그게 뭔지 알고 싶으면 다음 걸음을 내디뎌 보길. 띠가 다시 물이 되었다가 계단 모양으로 바뀌면서, 물결에 휩쓸렸던 널 그 아래 데려다 놓을 거야.

성화의 계단

이건 성화의 계단이다. 왕의 구원이 한 번 받고 마는 선물이 아니라는 건 너도 잘 알겠지. 구원은 매일 항상 받는 선물이다. 왕은 이런 일들을 다 하신 후에도 떠나지 않으신다. 그렇다. 넌 아직 그의 보좌와 두루마리에 이르지 못했다. 오직 왕만 거기에 데려다주실 수 있다. 그렇다고 네가 할 일이 전혀 없는 건 아니다. 왕은 네가 이 계단을 오르길 바라신다. 그러니 한번 올라가 보길.

아무리 애를 써도 움직일 수가 없지? 너무나 어려울 거다. 꼭 젖은 모래에 발이 빠진 것처럼.

네 힘으로는 오를 수 없다. 이건 네가 할 수 있는 일이 아니야. 성령의 힘이 필요하다. 성령이 네 안에 거하시면 오를 수 있다. 성화 곧 거룩해지는 일은 죽음을 죽이는 자를 점점 더 닮기 위해 그리스도인과 성령이 오랫동안 함께 해 나가는 공동작업이다. 예수께 속한 자는 그분을 닮기 위해 자기가 할 수 있는 일을 다 한다. 그분에 대해 읽고, 그분께 기도하고, 그분을 떠나게 만드는 죄를 죽이고, 그분이 이끄시는 대로 따라가려고 애쓴다. 그와 동시에 성령도 네 안에서 일하신다. 이런 노력을 하려는 소원을 주시고 이런 노력을 계속 하도록 도우신다. 네 죄를 지적하시고 네 구원자를 계속 따라갈 힘을 주신다. 그러니 계단을 오르되 성령의 힘으로 오르길. 이것이 바닷가 보좌에 이르는 유일한 길이다.

이제 고개를 들어 봐. 계단 꼭대기에 뭐가 있지?
맨 마지막 계단에 금관이 놓여 있을 거야.

영광의 관

저 위에 있는 건 영광의 관이다. 끝까지 올라오는 모든 사람을 위해 준비되었지. 왕은 제자 한 사람 한 사람에게 줄 관을 만드신다. 그 관에는 왕의 나라 시민들이 왕의 대사로서 수행한 참되고 선하고 아름다운 일들이 전부 나타나 있다. 하지만 아무리 고상하고 위엄 있는 관도 왕의 관에는 비할 수가 없다. 그래서 백성이 보좌에 다가갈수록 자기 관보다 왕께 더 열광하는 거다. 중앙 보좌 앞에 관들이 저렇게 쌓여 있는 건 다 이 때문이야. 자기 관을 참되신 왕 앞에 던지는 것이야말로 백성의 가장 큰 기쁨이다. 자기 왕의 참모습(영광을 받기에 진정 합당한 모습)을 이제는 직접 볼 수 있다.

넌 어떨까? 사자이신 어린양과 마주하면 뭘 하고 싶을까? 네 마음의 노래를 부르시는 분을 만난다면? 너와 세상을 위해 두루마리를 펼치실 수 있는 유일한 분을 만난다면?

이제 돌풍이 불고 파도가 치면서 계단이 사라지고, 다시 바다 멀리 이편으로 돌아오게 될 거다. 이제껏 보았던 모든 것이 네 앞 유리 바다 속으로 사라져 버리는 것 같아 가슴이 철렁하겠지.

그 귀한 분의 소리를 다시 듣고 싶니? 방금 본 모든 것을 너도 얻고 싶니? 사자이신 어린양이 모든 걸 바로

    영원하신 왕의 상징

잡으시는 광경을 보고 싶니?

자, 그렇다면 열쇠를 돌려서 잠긴 문을 열어 보길.

07

성전 열쇠

교회에 대한 교리

열쇠를 돌리자 하늘의 별들이 빛을 밝히기 시작하고, 그 빛이 점점 강렬해져 눈을 가릴 정도가 된다. 마침내 고개를 들어 보니 보좌와 바다 대신 벽에 회칠이 된 초라한 방이 있다. 소박한 창틈으로 시원한 바람이 불어온다. 허공의 먼지가 다 보이도록 환히 쏟아지는 햇살 속에 작은 빵 접시와 소박한 포도주 잔이 놓인 중앙의 큰 식탁이 보인다.

이곳에 대해 들어 본 적이 있는 것 같은데 기억이 나질 않는다. 그늘 속에서 머리를 쥐어짜며 생각을 더듬을 때, 지혜로운 목소리가 다시 들려온다……

그리스도의 교회 안으로

네 삶은 네 것이 아니다

왕은 애초부터 다른 사람들을 알고 사랑하고 섬기도록 널 만드셨다. 다른 사람들도 똑같이 널 알고 사랑하고 섬기도록 만드셨지. 그래서 세상 사람들이 그 이유를 모르면서도 공동체와 이웃과 동네를 만들고 계속 서로 연결되려 하는 거야. 주변에 아무도 없을 때 네가 텔레비전을 켜는 것도, 부모님이 핸드폰을 그렇게 쳐다보는 것도 다 이 때문이다. 네가 학급 친구 생일 파티에 초대받길 바라는 것도 이 때문이지.

왕은 네가 그분을 알고 사랑할 뿐 아니라 너와 비슷한 다른 사람들도 알고 사랑하도록 만드셨다. 그래서 지금 네가 이 다락방에 있는 거다. 이미 알겠지만 왕이 널 이렇게 만드신 건 네 행복뿐 아니라 거룩함을 위해서야. 죽음을 죽이는 자가 부족한 사람 열두 명을 불러 모아

자신을 따르게 하시고, 돌아가시기 전날 밤 이 식탁에 앉히신 이유가 여기 있다. 네 앞에 있는 빵과 포도주는 그분이 새 가족을 위해 새 약속으로 마련하신 새 식사의 시작이다. 그리스도는 자신의 새 공동체(너희 세상에서 교회라고 부르는 곳)를 위해 이 식탁에 정찬을 차리셨다.

교회는 두 종류가 있어. 첫째는 **지역교회**다. 아마도 '교회'라는 말을 들을 때 바로 머릿속에 떠오르는 게 이 지역교회일 거야. 네가 등굣길 모퉁이에서 보는 교회 말이지. 하지만 지역교회는 단지 그런 건물을 가리키는 말이 아니라 교회 구성원의 모임을 가리키는 말이다. 믿음 가득한 자들이 만나 (대개는 정한 장소에서) 함께 주님을 예배하는 모임을 가리키는 말이지.

하지만 성경은 더 큰 교회(너희 세상에서 보편교회라고 부르는 곳)에 대해서도 이야기한다. 보편교회는 시공간의 제한을 받지 않는 참된 교회야. 나이나 장소와 상관없이 모든 그리스도인(죽음을 죽이는 자에게 꼭 매달려 소망과 행복을 얻는 모든 사람)이 이 교회에 포함되지. 네가 수정처럼 맑은 유리 바다에서 보았던 두루마리, 사자이신 어린 양의 두루마리에 그 교인 명단이 있다. 세상 반대편에서 사는 이들뿐 아니라 이미 세상을 떠난 이들도 여기 포함된다.

지역교회와 보편교회는 서로 겹치지만 똑같지는 않다. 지역교회 교인이면서 보편교회 교인인 사람도 있고, 지역교회 교인이지만 보편교회 교인은 아닌 사람도 있어. 네 마음을 왕만 보여주실 수 있는 것처럼 왕이 친히 만들어 가시는 보편교회도 그분만 완전히 보여주실 수 있다. 그래서 죽음을 죽이는 자가 교인 명단을 가지실 수 있고 펼치실 수 있는 거야.

교회의 이미지

왕이 교회를 만드신 건 바로 널 위해서다. 교회는 너에게 주시는 선물이야. 세상은 교회를 의무적인 곳, 따분한 곳, 지루한 곳으로 여기게 만들지만 왕은 네 눈을 열어 그 아름다움을 보여주신다. 그래서 왕의 말씀에 교회를 묘사하는 말들이 가득한 거다. 왕은 자신의 아들이 교회와 사랑에 빠지신 것처럼 너도 교회와 사랑에 빠지길 바라신다. 말씀이 묘사하듯 교회는 죽음을 죽이는 자의 신부요 그분은 교회의 신랑이시다. 교회를 위해 자기 목숨까지 내놓으셨지. 교회를 선택하시고 희생적으로 사랑하셨다. 십자가에서 죽으실 만큼. 교회는 유혹하고 배신하는 세상 속에서 신랑께 충실함을 지키며 사랑과 신실함으로 화답한다.

또한 교회는 **성전**이다. 하나님이 성령을 통해 교회 안에 계시면서 세상을 변화시키시기 때문이지. 옛 성전이 하나님을 위해 거룩하게 구별되고 구분되어야 했던 것처럼 그리스도의 교회도 구별되어야 한다. 하나님은 그리스도가 하신 일 위에 성령을 통해 교회를 세우신다. 성령은 하나님의 약속을 전부 네 것으로 만들어 주신다. 하나님 나라 시민들과 함께하시면서 장래의 약속들을 온전히 받아 누리게 하신다. 성전은 바로 이 일을 위해 있는 거야. 하나님이 자기 백성 가운데 거하시며 자기 소유로 삼으시고 원하는 목적지로 데려가시기 위해. 교회가 하나님의 새 성전인 이유, 세상과 달리 거룩해야 하는 이유가 여기 있다.

교회는 그리스도의 **몸**이기도 하다. 그리스도가 교회의 머리시다. 이렇게 생각해 보길. 네 머리가 손한테 열쇠를 돌리라고 하면 손이 그대로 따라하지? 이웃집 개 목줄이 풀리면 뛰어서 도망쳐야 한다는 걸 다리가 어떻게 알까? 그 또한 머리가 알려 주기 때문이지? 교회도 마

찬가지야. 그리스도의 지도를 받아 움직인다. 그리스도
는 사랑과 지혜로 백성을 지휘하시고 성령을 보내 주신
다. 선한 일을 하도록 이끄시고 행복한 미래로 이끌어 주
신다. 구원의 원천으로서 자신의 의를 주실 뿐 아니라 자
신의 유산도 주신다.

교회는 그리스도를 반드시 보아야 하는 세상에 그분
을 '체현해서' 보여주는 곳이야. 바로 지금 여기서 그리
스도의 손과 발이 되어야 하지. 몸이 한 목적을 위해 함
께 움직이듯 교회의 각 지체도 성령이 주신 선물들을 사
용하여 왕께 영광을 돌리고 교회를 지혜롭고 성숙하게

키워야 한다. 이 목적을 위해 왕의 성품과 행동을 그대로 반영해야 하는 거야. 교회는 성령이 만드신 거울과 같다. 엉뚱한 데서 답을 찾는 세상에 왕을 비추어 보여주어야 한다.

또한 교회는 하나님의 **가족**이다. 왕이 교회의 아버지시고 믿음 가득한 제자들은 그 아들딸이지. 교회는 과거도 제각각, 환경도 제각각인 온갖 사람들로 이루어진 가족이야. 교회를 전체적으로 바라보면, 각기 다른 모양과 패턴과 색상과 도안을 모아 놓은 패치워크 퀼트 작품(왕이 믿음의 실로 꾸준하게 바느질하신 작품) 같을 걸. 이 가족을 유지하는 건 오직 왕의 사랑이다. 그 사랑은 아들이 하신 일에 잘 나타나 있지. 그리스도는 가족 아닌 자를 입양해서 자기 백성으로 만들기 위해 피를 흘리셨다. 그렇게 반역자를 가족으로 삼으셨다. 자신에게 가족이 필요했기 때문이 아니야. 자신의 영광 때문이지. 그래서 네가 그분의 것이 될 수 있는 길을 열어 주셨다. 교회가 하나님의 가장 큰 기적인 이유가 여기 있다.

교회의 표지

초대교회는 교회가 무엇이며 어떤 곳이어야 하는지 오랫동안 열심히 생각했어. 그들이 성경과 기도에 대해 생각했을 때 그러셨던 것처럼 성령이 정신과 마음과 대화 가운데 네 가지 중요한 생각을 떠올려 주셨지. 그 생각들은 곧 교회의 네 가지 표지 또는 속성으로 알려지게 되었다. 그 표지들은 아주 중요했기에 교회가 기록으로 남겨 두었어. 왕의 모든 시민이 험하디 험한 세상에서 왕의 교회를 찾아낼 수 있도록.

교회의 첫째 표지는 **하나됨**이다. 연합이라고도 하지.

즉, 예수의 교회는 하나라는 거야. 물론 교회는 이미 연합되어 있지만, 완벽한 연합은 왕이 세상 모든 것을 바로잡으실 때 이루어질 거다. 그때까지는 여기서 연합을 실현하기 위해 힘써야지. 그 나라 시민들은 다 한 성령을 모신 자들이요 한 성령의 진리와 사랑과 사명을 공유하는 자들이니까.

또한 교회는 **거룩해야** 한다. 이 둘째 표지는 그리스도가 하신 일의 효력으로 나타나는 거다. 그리스도는 백성이 지은 죄의 흠집을 없애 주시면서 서로와 세상을 거룩하게 만들어야 할 사명을 주셨지. 하나님의 완벽하심을 반영하여 세상에 보여주는 것, 하나님이 한 거룩한 백성을 만드셨다고 선포하는 것, 거룩하게 하시는 하나님의 일을 완수하는 것이 바로 교회의 존재목적이야. 왕은 교회를 거룩하게 구별하셨을 뿐 아니라 바로 그 교회를 통해 거룩함을 지켜 나가게 하셨다.

또한 교회는 **보편적이어야** 한다(이 의미를 가진 단어 catholic은 소문자로 시작한다). 이 말은 로마 가톨릭이 세상에서 유일한 진짜 교회라는 뜻이 아니라(그건 대문자로 시작하는 Catholic이지) 교회가 세상 전체를 포괄한다는 뜻이야. 왕을 따라 온 세상으로 나가야 한다는 뜻이기도 하지. 아무리 높은 장벽이나 강한 군대도 교회와 형상 지닌 자들 사이를 가로막거나 갈라놓을 수 없다. 교회는 죽음을 죽이는 자의 이름을 널리 알리고 원수를 시민으로 만들라는 명령을 수행함으로써 성장하고 확장된다. 그래서 그리스도의 나라에서는 해가 지지 않는 거다. 왕은 교회를 어두운 세상 구석구석에 빛을 비추는 전 세계적인 곳으로 만드셨다.

이 특징은 하나님 백성의 마지막 표지로 이어진다. 교회는 하나이고 거룩하고 보편적이면서 **사도적인** 곳이야. "교회가 하나님의 사명을 완수하기 위해 해야 할 말이 무엇인가?"라는 질문의 대답이 여기 있지. 그건 한마디로 성경을 전하라는 거다. 구약부터 신약까지, 창세기부터 계시록까지 전부 다. 교회는 왕의 영광과 왕의 사명을 위해 왕의 세상에 사는 백성에게 왕의 말씀을 전하는 곳이다. 왕은 믿음 가득한 제자들(죽음을 죽이는 자의 사도로 알려진 제자들)이 성령의 인도를 받아 기록한 말들 위에 교회를 세우신다. 사도들은 죽음을 죽이는 자가 땅에 계시는 동안 함께 다녔고, 그분이 승천하시자 바로 세상에 나가 그분의 메시지를 전했다. 오늘날 우리는 성경을

통해 그 말을 읽을 수 있지. 사도들의 말(성령의 인도를 받아 아들에 대해 집중적으로 쓴 말)이야말로 참된 교회가 해야 할 말이야. 성경 전체에 기록된 하나님의 모든 말씀에서 생명과 호흡을 찾는 교회는 살아 숨 쉬게 되어 있다. 성경이야말로 사도들이 온 세상에 선포한 말이거든. 그래서 그리스도에 관한 좋은 소식(모든 성경이 한결같이 가리키고 있는 소식)이 교회의 중심을 차지하는 거다.

이런 표지들이 나타난다면, 그곳이 바로 왕의 교회다. 우리 왕은 아이가 엄마의 목소리와 냄새와 입맞춤과 얼굴을 기억하고 알듯이 너도 이런 교회의 표지들을 알아

보길 바라신다. 거기에는 세상에 침투한 왕의 나라와 왕의 방식이 반영되어 있기 때문이지.

교회의 활동

교회를 잘 안다는 건 교회가 하는 일과 모이는 이유를 안다는 뜻이기도 하다.

교회는 **예배**를 위해 존재한다. 믿음 가득한 자들이 모이는 건 함께 왕을 바라보기 위해서야. 함께 왕의 말씀을 듣기 위해서지. 왕이 먼저 교회를 사랑하시고 아들의 피로 사셨기에 교회 또한 왕을 더 깊이 사랑하기 위해 모인다. 교회가 노래하는 이유, 왕의 말씀을 읽고 듣고 설교하는 이유가 여기 있어. 왕께 이런 일들이 필요해서가 아니라(물론 기뻐하시지만) 이런 일들을 통해 우리가 왕께 돌아가 이제부터 영원까지 함께 살 수 있는 길을 알려주시기 때문이다.

이처럼 말씀과 예배는 교회의 필수적인 활동이지만 그것이 전부는 아니야. 사실 교회에는 다른 어디에도 없는 독특한 예식이 두 가지 있는데 너희 세상에서는 그걸 **성례**라고 부른다. 네가 아는 명칭은 다를 수도 있어. 세례와 성찬이 바로 그 성례다. 성례는 교회의 토대야. 죽

음을 죽이는 자가 교회를 위해 하신 일과 전적인 관계가 있기 때문이지.

세례를 먼저 예로 들어 보자. 세례는 하나님이 고안하신 메가폰이야. 교회는 이 메가폰으로 믿음 가득한 자가 왕께 충성한다는 걸 세상에 공표한다. 세례는 왕이 각 제자를 위해 하신 일을 행동으로 주변 사람들에게 보여주는 예식이자 세례받는 자의 내면에서 행하신 선하고 영광스러운 일을 외부 세상에 보여주는 예식이다. 그래서 죽음을 죽이는 자를 믿는다고 고백하고 회개한 사람이 무엇보다 먼저 이 성례를 행해야 하는 거다.

세례는 눈에 보이는 복음이다. 세례의 방식은 다음과 같아. 죽음을 죽이는 자의 제자가 실제로 물속에 들어감으로써 그분의 죽음에 참여함을 공표한다. 그리고 똑같이 물 밖으로 나옴으로써 새 생명에 참여함을 공표한다. 세례는 죽음을 죽이는 자가 자신의 죽음을 통해 네 죽음을 죽으신 것과 부활하신 그분의 생명이 지금 네 생명이 된 것을 세상에 보여주는 예식이자 네가 그리스도와 연합했다는 표시야. 실제상황과 이미지를 통해 네가 어떻게 그 몸의 일부가 되었는지, 그리스도가 십자가와 빈 무덤에서 널 위해 무슨 일을 하셨는지 보여준다.

그렇기에 세례는 하나님의 메가폰일 뿐 아니라 교회

정문 손잡이라고도 할 수 있다. 네 소속을 세상에 밝히는 동시에, 이제 교회의 돌봄을 받는 몸의 정식 일원이자 그 삶의 일부가 되었음을 알리는 일이니까.

두 번째 성례는 지금 네 앞에 차려져 있는 식탁, 곧 **성찬**이다. 성찬은 그리스도의 교회가 어떤 곳인지 명확히 보여주지. 빵은 제자들을 위해 부서진 그리스도의 몸을 나타내고(그래서 빵을 떼는 거야), 포도주는 백성을 위해 흘리신 피를 나타낸다(그래서 포도주를 잔에 붓는 거지).

복음의 아름다움을 풍성히 보여주면서 상상력을 일깨우는 이 식사는 오직 교회만을 위한 거다. 구주의 것이 된 자들만 구주를 먹고 마실 수 있다. 죽음을 죽이는 자는 왕의 나라에 속한 모든 백성을 위해 이 성찬을 마련하셨다. **주의 식탁에서 먹는 건 백성만의 특권이야.** 성찬은 재창조될 세상에서 교회가 참여할 끝나지 않는 잔치, 약속된 잔치의 첫걸음이다. 또 지금은 교회가 지칠 때 생명을 주시고 영혼을 지켜 주시는 아들의 사랑에 주목하도록 돕는 역할도 하지. 왕이 고안하신 아름다운 상징을 통해 펼쳐지는 죽음을 죽이는 자의 드라마를 보여줄 뿐 아니라 신성한 식사에 참여하는 자들이 왕의 좋은 선물들을 영으로 알고 경험하게 해준다.

교회는 교회이기에 이 성례들을 무시할 수도 없고 무시해서도 안 된다. 두 성례 모두 하나님의 백성이 그리스도가 하신 일을 알고 기억하고 듣고 맛보고 느끼고 보도록 돕는 교회의 예식이다.

교회의 사명

사막에서 들었듯이 성령은 백성을 인도하신다. 이 말은 교회가 지금 어딘가를 향해 나아가고 있다는 뜻이야. 교회에는 완수해야 할 사명이 있다. 건물은 움직이지 못하지만 백성은 지금도 계속 지어지면서 왕의 나라를 향해 전진하고 있다.

너도 알겠지만 성령은 교회가 구주를 더 닮길 바라신다. 이를 위해 교회를 사용하시지. 하나님의 이야기가 완성되는 대단원으로 백성을 이끌어 가기 위해 주로 쓰시는 방편이 바로 교회야. 네 삶은 절대 네 것이 아님을 기억하길. 성령은 새 세상에 맞도록 널 준비시키시고 빚어 나가기 위해 교회 안에 있는 백성을 쓰시고 그들의 모든 지혜와 문제들을 쓰신다. 교회는 그리스도를 더 닮게 하는 일에 쓰려고 장만하신 하나님의 도구다.

 영원하신 왕의 상징

이걸 알면 교회의 바른 위치를 알게 된다. 교회는 너를 영광스럽게 하려고 있는 곳이 아니라 죽음을 죽이는 자를 더 닮게 돕고자 있는 곳이야. 성령이 손에 잡고 쓰시는 도구지. 널 귀찮게 하기 위해서가 아니라 경건하게 자라도록 돕기 위해 너와 다르게 생각하고 행동하는 모든 사람을 사용하신다. 너와 네 모든 별난 점들도 성령의 지휘 아래 다른 사람의 성장에 사용하신다.

교회의 사명이 울타리 안에만 있는 건 아니야. 온 세상에 나가서 해야 할 일도 있다. 교회 밖으로 나간다는 건 반역자들에게 돌아간다는 뜻이지. 그렇다고 무서워

하거나 판단하거나 도망치면 안 돼. 네가 그들에게 돌아가는 건 죽음을 죽이는 자에 대한 좋은 소식을 알리기 위해서다. 그들도 왕의 나라로 들어와 '생명을 주는 죽음'에 참여하게 하기 위해서다. 지금은 미워하는 분을 기뻐하도록 바꾸기 위해서다. 교회의 사명은 믿음 가득한 자들이 좁은 길로 계속 나아가 하나님의 선물을 받을 때까지 지켜 주는 것뿐 아니라 믿음 없는 자들이 믿음으로 가득해지도록 도와주는 것이다.

이제 남은 질문은 이거야. 넌 그리스도의 교회에 속해 있니? '너무 좋아서 믿어지지 않지만 진짜인' 약속들을 얻기 위해 교회와 함께 좁은 길로 행진하고 있니?

왕의 시민을 기다리는 약속들을 살짝이라도 보고 싶다면, 마지막 열쇠를 돌려 보길. 하지만 그 전에 경고할 게 있다. 문 저편에 있는 걸 한 번 보면 절대 잊지 못할 거야.

이제 눈을 감고 심호흡을 한 후, 마지막 열쇠를 돌려 보길.

보좌 열쇠

종말에 대한 교리

숨이 너무 가빠 폐가 아프다.

저 아래 구름과 발밑에 솟은 산꼭대기 울퉁불퉁한 바위들
이 보인다.

숨이 너무 가빠 폐가 아프다.

바람 때문에 시린 눈을 들어 가장 푸른 청색에서 가장 어두
운 청색으로 변해 가는 하늘 저편을 바라본다.

숨이 너무 가빠 폐가 아프다.

올려다 본 별들이 어찌나 가까운지, 산봉우리 먼 아래 세상
에서 어둠이 올라오지 못하도록 하얀 리본으로 막아 버린 것
만 같다.

그때 지혜로운 목소리가 들리면서 숨이 다시 쉬어진
다……

만물의 마지막 때

미래가 시초보다 나을 수 있다

왕은 무엇이 그 나라 시민을 기다리는지 보여주신다. 무엇이 뱀의 종들을 기다리는지도. 왕의 백성을 기다리는 건 복된 소망이지만 왕의 원수들을 기다리는 건 영원한 저주뿐이다. 지금 넌 죽음을 죽이는 자가 시작하신 일과 완성하실 일 사이에 있다. 오늘은 작아 보이는 그 나라가 곧 왕이 지으신 만물을 뒤덮을 거다.

이제부터 네가 볼 것은 왕이 승리하여 원수들을 정복하시고 세상을 처음보다 좋게 만드실 때 일어날 일들이야. 하지만 낙원에 이르려고 폭풍우를 헤치고 나아가는 여행자처럼 창조세계에 대한 왕의 완벽한 계획을 보기 전에 죄로 찢긴 세상이 맞이할 결말부터 직시해야 한다.

장차 들어갈 무덤

네가 마지막에 갈 곳에서부터 시작해 보자. 널 포함
한 모든 사람의 인생 끝에서 기다리는 건 죽음이야. 하
지만 왕이 형상 지닌 자들에게 하실 일이 끝난 건 아니
다. 남은 일이 있다. 죽음을 죽이는 자에게 속한 자들은
특히 더 그렇지. 죽음이 어떻게 찾아오는지는 너도 들어
봤을 거야. 살면서 이미 죽음과 마주친 적이 있을지도 모
르고. 죄의 친구인 죽음은 모든 걸 엉망으로 만든다. 오래
전 뱀을 도와 세상에 주입할 독을 만들었지. 죽음은 죄인
에게 내리시는 공평하고 의로운 심판의 일환이야. 그래서
죽음이 네 삶의 지평선 저편에 먹구름처럼 드리워 있는

거다.

죽음은 몸과 영혼의 통합을 깨뜨림으로써 형상 지닌 자들에 대한 하나님의 구상을 망가뜨리려 든다. 몸은 무덤으로 보내고 영혼은 너희 세상에서 말하는 '중간상태'로 내버려 두지. 영혼은 깨뜨릴 수가 없거든. 영혼은 무덤으로 가지 않는다.

중간상태

사람이 죽은 후에 영혼은 몸과 분리되어 무덤 이편에 있게 된다. 네가 누구한테 충성하느냐에 따라 영혼의 상태가 결정되지. 죽음을 죽이는 자에게 속한 영혼은 즉시 하나님이 계신 하늘로 들어가고 뱀의 표시가 있는 영혼은 견딜 수 없는 고통과 절망의 장소인 음부로 떨어진다. 중간상태에서는 우리가 잘 아는 이 세상에서처럼 선과 악이 섞여 있거나 사랑과 고통이 섞여 있지 않다. 왕과 함께 있는 자들은 선하고 참되고 아름다운 것만 경험하고, 뱀을 섬기는 자들은 악하고 거짓되고 추한 것만 느끼지. 저 앞에서 기다리는 운명은 둘 중 하나뿐이다. 왕의 따스한 빛 속에 서든지, 뱀의 끔찍한 독에 쏘이는 절망적인 마음의 고통을 겪든지.

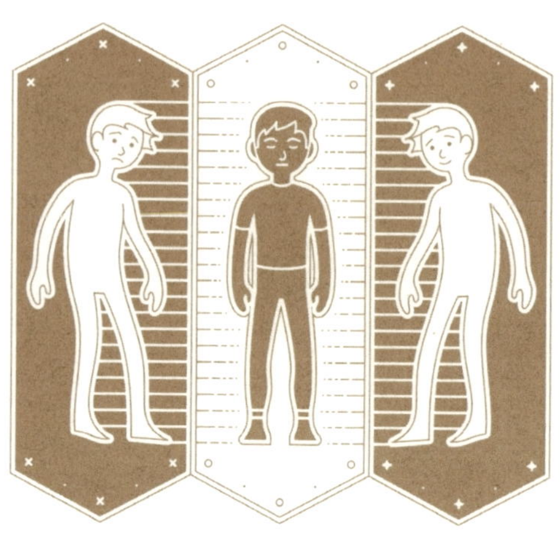

만인의 부활

하지만 중간상태가 끝은 아니야. 그래서 '중간상태'라고 부르는 거지. 죽음을 죽이는 자가 오래전에 친히 보여주신 재통합이 일어날 거다. 빈 무덤을 기억하는지? 중간상태 저편에 부활(다시 몸과 영혼을 가지고 살게 된다는 약속)이 있다. 죄와 죽음이 망가뜨린 것을 왕이 고쳐서 전보다 더 좋게 만드신다. 약하고 천하고 부끄러운 몸, 서서히 해체되었던 이전 몸을 강하고 영광스럽고 존귀하고 완벽한 몸으로 최종적으로 온전하게 재창조하신다.

네가 죽어도 왕의 일은 끝나지 않는다. 죽음은 승리

영원하신 왕의 상징

하지 못해. 그래서 아들이 죽음을 죽이는 자이신 거다. 그래서 그의 무덤도 비어 있는 거고. 영혼이 몸에서 떨어져 나온 지 얼마 되지 않아 왕이 원래 구상하신 대로 복구하신다. 믿음 가득한 자들을 위해 더 영광스럽게, 더 완벽하게.

죽음을 죽이는 자는 다시 오신다

부활은 재림으로 이어진다. 왕의 일이 끝나지 않았다는 걸 기억하길. 아들은 승천하셨던 때와 똑같이 다시 오실 거다. 몸소, 육신으로, 눈에 보이게, 영광스럽게, 승리자로 귀향하실 거다. 이번엔 죄를 처리하기 위해서가 아니라 정복하기 위해, 왕의 약속을 온전히 이루기 위해 오실 거다. 자신을 기다리는 자들을 위해 십자가가 아닌 칼로 모든 것을 바로잡으실 거다. 왕은 기꺼이 이렇게 약속하시면서도 죽음을 죽이는 자가 다시 오실 정확한 시점은 알려 주지 않으신다. 하지만 이 약속만으로도 충분히 눈을 크게 뜨고 마음을 깨끗하게 지키면서 그분이 가져오실 영광과 정의를 기다릴 수 있지.

마지막 심판

왕은 너희 세상을 끝내시고 자신의 세상을 새롭게 시작하시기 전, 마지막 심판이 있을 것이라고 하신다. 죽음을 죽이는 자가 큰 보좌(네가 유리 바다 건너에서 보았던 보좌)에 앉아 형상 지닌 자들 한 사람 한 사람이 믿음으로 한 일을 보시고 얼마나 신뢰하며 충성하고 사랑했는지 판단하실 거다. 누가 자신에게 속했고 누가 원수에게 속했는지 온 우주 앞에서 공표하실 거다. 뱀과 믿음 없는 자들에게 모든 진노를 쏟으실 거다. 왕을 반대하는 자들은 불못이 된 지옥에서 영원히 불행과 괴로움과 고통을 겪게 될 거다. 죽음을 죽이는 자를 대적하는 자들은 영

원히 소망 없이 지내게 될 거다. 왕도 없고 평안도 없고 사랑도 없고 끝도 없이.

만물을 새롭게

하지만 죽음을 죽이는 자에게 속한 자들이 받아야 할 진노와 형벌은 그분이 다 받으셨다. 네가 받을 필요가 없어. 그분이 네 대신 이미 받으시고 자신의 영광스럽고 은혜 가득한 얼굴 앞에서 영원히 살 길을 열어 주셨다. 그분은 자기 자신을 주실 뿐 아니라(그것만으로도 이미 충분하고 영원히 충분한데) 자신이 완성한 약속들을 계속 더 많이 주신다. 안식과 기쁨이 있는 곳을 주신다. 한없이 끝없이 함께하신다.

아들은 새 하늘과 새 땅에서 이 모든 일을 하신다. 거길 보고 싶으면 고개를 들어 보길.

하늘의 성이 거의 산꼭대기에 닿을 듯 내려오는 모습이 보일 거야. 그 성은 이제껏 네가 보았던 어떤 성과도 다르다. 회복된 땅 전체를 뒤덮을 만큼 크지. 옛 예루살렘의 형상과 모양과 차원을 반영하면서도 뛰어넘는다. 자세히 보면 옛 성 한가운데 있던 성전 또한 반영하면서도 무한히 뛰어넘는다.

그 성은 금과 보석으로 장식되어 있다. 성벽 문들은 해마다(땅의 옛 달력대로라면) 곳곳에서 몰려드는 사람들로 넘쳐난다. 그러면서도 동산처럼 아름답지. 옛적에 강들이 에덴을 두르며 흘렀듯이 왕이 찬란한 빛을 입으시고 정당하게 앉아 계신 보좌에서 생명의 강이 흘러나오거든.

그때 보좌에서 새롭고 더 좋은 목소리, 강력한 제왕의 목소리가 울려 퍼지며 다시 창조된 세상과 산들을 영광스럽고 완벽한 말씀으로 뒤흔든다.

"보라, 하나님의 장막이 사람들과 함께 있으매 하나님이 그들과 함께 계시리니 그들은 하나님의 백성이 되고 하나님은 친히 그들과 함께 계셔서 모든 눈물을 그 눈에서 닦아 주시니 다시는 사망이 없고 애통하는 것이나 곡하는 것이나 아픈 것이 다시 있지 아니하리니 처음 것들이 다 지나갔음이러라"(계 21:3-4).

사방이 고요하고 차분한데, 방금 새 하늘과 새 땅을 뒤흔들

었던 아름답고 위엄 있는 목소리가 바로 네 곁에서 속삭이듯
약속한다.

"보라, 내가 만물을 새롭게 하노라"(계 21:5).

넌 왕을 보려고 돌아선다.
하지만 왕은 계시지 않는다.

그 대신 어렴풋이 알아볼 듯한 그림자가 어른거린다. 잠시
그렇게 서 있던 그림자의 주인이 너무나 친숙하고 지혜로운 목
소리로, 네가 그를 만난 이후 내내 자문해 온 이 질문을 던진다.

"너도 새로워지고 싶니?"

결론

두루마리를 펼쳐라

이 질문과 함께, 영광스러운 여행을 이끌어 온 왕의 사자가 마침내 눈에 보인다. 눈부시게 밝은 빛을 입은 열쇠지기가 네 앞에 서 있다. 그를 보니 두려움과 죄책감의 파도가 마음에 밀려들며 온몸이 얼어붙는다. 왜 진작 묻지 않았을까? 왜 진작 보지 못했을까? 이렇게 빼어난 존재를 왜 진작 알아보지 못했을까?

넌 실수를 돌이키려고 고개를 조아린다. 엎드려 사과할 말을 준비한다. 잘못을 만회하기 위해 그의 존귀함을 노래하고 그의 광채를 찬송하려 한다. 그런데 채 입을 열기도 전에 그가 강력하게 경고한다.

"그러지 마라. 나도 왕의 말씀을 지키는 자들과 똑같은 종이요 너와 똑같은 종이다."

그가 이 말을 할 때, 산이 녹아내리며 이제는 네게 익숙한 유리 바다가 된다. 넌 그 바닷가 가까이, 보좌와 봉인된 두루마리 아래 서 있다.

이번엔 혼자가 아니다. 위풍당당해 보이는 이상한 생물 넷이 새 세상의 하늘 알현실에서 처음 들었던 심오한 노래를 부르고 있다.

거룩하다, 거룩하다, 거룩하다, 주 하나님 곧 전능하신 이여, 전에도 계셨고 이제도 계시고 장차 오실 이시라!

(계 4:8)

　　　　　　　영원하신 왕의 상징

그때 스물네 장로가 가장 큰 보좌 앞으로 나아가더니 자신들의 관을 던지고 엎드려 노래하기 시작한다.

우리 주 하나님이여, 영광과 존귀와 권능을 받으시는 것이 합당하오니 주께서 만물을 지으신지라. 만물이 주의 뜻대로 있었고 또 지으심을 받았나이다(계 4:11).

"누가 이 두루마리를 펴기에 합당할까? 누가 이 봉인을 떼기에 합당할까? 하늘에 있을까? 땅에 있을까?" 그들은 묻고 또 묻는다.

그러나 나서는 이가 없다.

마음 한가득 슬픔이 차오르는데 열쇠지기가 말한다.

"오직 **그분만 경배하여라.**"

그때 한 소리가 들린다. 불이 눈을 녹이듯 그 소리가 네 슬픔을 몰아낸다. 처음 들었을 때부터 다시 듣고 싶었던 소리, 어린양의 울음소리와 사자의 포효가 아름답고도 신비하게 섞여 있는 소리.

그분이 보인다. 유다 지파의 사자이자 하나님의 어린양이신 분, 그토록 간절히 보고 싶었던 분, 죽음을 죽이는 자가 손에 두루마리를 들고 겸손하고 담대한 모습으로서 계신다.

장로와 생물들의 합창단이 새 노래로 어린양을 찬송한다.

> 두루마리를 가지시고 그 인봉을 떼기에 합당하시도다. 일찍이 죽임을 당하사 각 족속과 방언과 백성과 나라 가운데에서 사람들을 피로 사서 하나님께 드리시고 그들로 우리 하나님 앞에서 나라와 제사장들을 삼으셨으니 그들이 땅에서 왕 노릇 하리로다(계 5:9-10).

열쇠지기와 같은 모습, 같은 목소리를 지닌 수많은 천사들이 죽음을 죽이는 자의 보좌 앞에 모여 완벽한 화음으로 노래한다.

> 죽임을 당하신 어린양은 능력과 부와 지혜와 힘과 존귀와 영광과 찬송을 받으시기에 합당하도다! (계 5:12)

왕이 만드신 모든 것, 널 포함하여 하늘과 땅과 땅 아

 영원하신 왕의 상징

래와 바다와 그 가운데 있는 모든 피조물이 비할 데 없
이 아름답게 노래한다.

> 보좌에 앉으신 이와 어린양에게 찬송과 존귀와 영광과
> 권능을 세세토록 돌릴지어다! (계 5:13)

그리고 세상이 잠잠해진다. 사방이 고요해진다. 온 창
조세계가 노래뿐 아니라 생각과 행동과 삶의 모든 것으
로 사자이신 어린양, 죽음을 죽이는 자께 경배한다.

깊은 고요 속에 두루마리의 봉인을 떼고 양피지를 펼
치는 소리가 들려온다.

사방이 캄캄해진다.

너와 죽음을 죽이는 자와 두루마리만 보인다.

두루마리에 과연 무엇이 써 있을까? 네 이름도 거기에 써 있을까? 그분이 과연 모든 걸 바로잡으실까? 여러 가지 생각이 머릿속에 밀려드는 와중에도 어린양에게서 눈을 뗄 수가 없다.

그분이 네게 두루마리를 내미신다. 어떤 두려운 은혜와 자비의 말씀이 있는지 보려고 살짝 다가간다. 네가 아는 모든 것과 모르는 모든 것과 알고 싶은 모든 것이 일

순간 두루마리를 스치고 지나간다. 양피지에는 이름, 이름, 이름들이 가득하다. 어찌 된 일인지 그 모든 이름들이 하나의 아름답고 짧은 이름 속으로 흘러든다.

예수.

그때 양피지가 말갛게 비워진다.
죽음을 죽이는 자가 그 위를 향해 말씀하신다.

"오라."

그리고 또 말씀하신다.

"내가 진실로 속히 오리라."

두루마리에 적힌 말들이 사라졌던 것처럼 어린양도 사라지신다. 봉인을 뗀 두루마리가 펄럭이며 땅으로 날아오더니 열쇠가 얹혀 올려져 있는 책 옆에 내려앉는다. 끈 달린 작은 종이에 이런 설명이 쓰여 있다.

이 열쇠를 돌리는 사람은 절대 이전으로 돌아가지 못한다. 넌 가장 깊숙한 네 죄를 볼 것이고, 가장 어두운 수치심을 느낄 것이다. 네가 어떤 존재로 지어졌는지, 실제로 어떤 존재가 되었어야 했는지 보게 될 것이다.
하지만 이 열쇠를 돌려야만 네 이야기가 거기서 끝나지 않는다는 걸 알게 되고…….

지혜롭고 친숙한 열쇠지기의 목소리가 마지막으로 들려온다.

"여기 돌아올 길을 찾으려면, 이 열쇠로 책을 열어라. 이 책이 곧 왕의 말씀이다. 사자이신 어린양께 돌아올 길을 알려 주는 완벽한 설명서다."

이제 열쇠를 돌려라. 이 책을 열어라. 네 왕과 사랑에 빠져라.

이 책을 열어라

열쇠로 열어야 할 성경구절

이 책은 바로 **널** 위한 것이다. 하나님이 하나님의 세상에서 하신 일에 대한 아름다운 이야기를 들려줌으로써 그분을 예배하게 하고자 쓴 것이다. 서사시처럼 썼지만, 하나님이 친히 쓰신 더 좋은 이야기의 희미한 속삭임에 불과하다. 그러니 이 책을 원래 의도대로, 네 성경에 나오는 더 큰 서사시에 대한 **소개**이자 하나님의 이야기 갈피갈피에서 네 이야기를 시작하고 발견하라는 **초청**으로 사용하길. 성경을 펼칠 용기를 내서 다음 구절들을 찾아보면 하나님을 아는 열쇠들을 더 많이 발견할 것이다.

결론

영원하신 왕의 상징